WORKBOOK

Amici

Carole Moore   Derek Aust

OXFORD
UNIVERSITY PRESS

OXFORD
UNIVERSITY PRESS

Great Clarendon Street, Oxford OX2 6DP

Oxford University Press is a department of the University of Oxford. It furthers the University's objective of excellence in research, scholarship, and education by publishing worldwide. Oxford is a registered trade mark of Oxford University Press in the UK and in certain other countries

© Oxford University Press 2019

The moral rights of the author have been asserted

First Edition published in 2004
Second Edition published in 2019

All rights reserved. No part of this publication may be reproduced, stored in a retrieval system, or transmitted, in any form or by any means, without the prior permission in writing of Oxford University Press, or as expressly permitted by law, by license or under terms agreed with the appropriate reprographics rights organization. Enquiries concerning reproduction outside the scope of the above should be sent to the Rights Department, Oxford University Press, at the address above

You must not circulate this book in any other form and you must impose this same condition on any acquirer

British Library Cataloguing in Publication Data

Data available

ISBN 978 0 19 849462 1

10 9 8 7

Artwork commissioned by Jane Taylor.

Printed by Ashford Colour Press Ltd., Gosport, Hampshire.

Paper used in the production of this book is a natural, recyclable product made from wood grown in sustainable forests. The manufacturing process conforms to the environmental regulations of the country of origin.

Acknowledgements

The Publisher would like to thank the following for permission to reproduce photographs:

Caterina Bidetta: p43; Sabatino Bidetta: pp60, 61, 90; Spencer Gray: pp60, 89; Scuola Media Guido Cavalcanti: pp39, 56; Adrian Shepherd: pp4, 38, 56; Carole Moore: pp3, 10, 22, 29, 38, 55, 57, 58, 59, 68, 70, 81, 84, 85, 86, 87, 90, 91, 93; Sarah Darby/OUP: 95, 105; Stefano Guidi/Shutterstock: 77

Front cover: Sarah Darby/OUP.

Illustrations by Kathy Baxendale, Phil Burrows, Stefan Chabluk, Emma Dodd, Mark Draisey, Heinz Kessler, Angela Lumley, and QBS Media Services Inc.

The authors would like to thank their families for their helpful support, suggestions and encouragement throughout the project, in particular Vasilija Aust and Caterina Bidetta. A special thank you to the headteacher, staff and pupils of the Scuola Media Guido Cavalcanti, Sesto Fiorentino, who allowed us to use the name of their school and who provided us with a number of photos.

We would also like to express our gratitude to the team at OUP, in particular Spencer Gray, Alex Tucker, James Cranston, Deborah Manning and Jane Taylor, as well as our consultants Ann Bayliss, Rossana Mckeane, Mary Oliver and Glenda Short for their helpful comments on the manuscript. Paola Tite (language consultant) deserves our special thanks for checking the Italian and being so quick to respond to any queries.

We must also thank Colette Thomson, and the Air-Edel studios for providing a wonderful group of speakers: Laura Corapi, Elena Falzone, Alberto Lemma, Andrea Piovan, Simonetta Ronconi and Giovanni Sorda, who brought our characters to life.

0 Introduzione
0.1 Parli italiano? Sì, certo!

1 🎧 **Ascolta e ripeti!**
turista, turismo, timido, sportivo, elegante, interessante, logico, magnifico, fantastico, aereo, aeroporto, essenziale, urgente, importante, raro, esatto, corretto, treno, autobus, metropolitana, bicicletta, militare, concerto, povertà, documento, passaporto, carta d'identità, coraggioso, ambizioso, caffè, tè, limone, melone, misterioso, mistero, nazionale, internazionale, nazionalità, frontiera, violino, chitarra, chitarrista, tennista, violinista, pianista, italiano, inglese, francese, spagnolo, guida turistica, visita, arte, architetto, memoria, memorizzare, identificazione, soluzione, intenzione

2 Now try to pronounce these words in Italian.
finire, appartamento, immaginazione, pessimista, studente, professore, meccanico, pilota, studio, studiare, mamma, papà, animale, musica classica, ristorante, banca, supermercato, mercato, sigaretta, fumare, vino, birra, acqua minerale, legale, dottore, cinema, museo, galleria d'arte, motivato, motivazione, cultura, culturale, natura, foresta, trasporto, poeta, tranquillo, volume, programma, elettrico, moderno, valido

3 🎧 **Ascolta e ripeti!**
Now listen and repeat the words. How many did you get right?

4 Strategie!

a) Using the strategies you have learned in the Student Book work out what the words in the first two exercises mean. Only use your dictionary to check if you are unsure!

b) Now look back over the explanations in the Student Book and choose 5 of the words which demonstrate some of these strategies. Write down the 5 words in Italian and English and underline the ways in which they have changed.

_____
_____

c) Now choose 5 words that look like English words. Write down the 5 words in Italian and English and underline their differences. What do you notice about the endings of the Italian words?

_____
_____

d) If you know another language, are there any words which look like words with the same meaning in that other language? Have you noticed any differences in pronunciation?

After completing the tasks in the Student Book and in this Workbook, you now know about 200 Italian words, many of which you will use regularly during this course, and the first Chapter hasn't even started!

0.2 Saluti

1 Saluti: Buongiorno, Buona sera o Buona notte?
Which greeting would you use at these times of day?

2 Scrivi il dialogo.
Write out the full dialogue, selecting the correct missing word from the box.

▶ Buon _____, mi chiamo _____ Manzi. Lei, come si _____?

▷ Buongiorno, _____ chiamo Paolo Rossi.

▶ Piacere. _____ sta, signor Rossi?

▷ Molto bene, _____ . E _____?

▶ _____, grazie.

Come	grazie
mi	giorno
Bene	Angela
chiama	Lei

3 Metti in ordine le parole!
Put the words in the correct order.

- Marco sono Ciao. ti come Tu, chiami? _____
- Mi e sei chiamo tu chi Anna? _____
- Maria Sono. _____

4 I numeri. Ascolta i risultati e riempi la tabella.
Listen to the results and fill in the table.

1 ATALANTA	2–2	EMPOLI	5	BARI		LIVORNO
2 LAZIO		BOLOGNA	6	PALERMO		ASCOLI
3 MILAN		BRESCIA	7	PARMA		INTER
4 PERUGIA		JUVENTUS				

5 Leggi ad alta voce i risultati, poi completa le frasi.
Read the results aloud and then complete the sentences.

Esempio: Bologna ha vinto 2–1. Parma ha perso.

1 Brescia … _____
2 Como … _____
3 Empoli … _____
4 Inter … _____
5 Juventus … _____
6 Roma … _____

Risultati di serie A		
Bologna	2–1	Parma
Brescia	3–1	Perugia
Como	1–2	Milan
Empoli	1–0	Modena
Inter	5–0	Atalanta
Juventus	1–4	Lazio
Roma	6–0	Reggina

0.3 Che data è?

1 Cercaparole. I mesi dell'anno.
Trova i dodici mesi dell'anno. Le lettere rimaste fanno una frase!

Find the twelve months of the year in the grid. The remaining letters form a phrase!

G	F	M	A	G	G	I	O	D	O
S	E	T	T	E	M	B	R	E	L
D	B	N	I	C	I	M	E	R	U
S	B	O	N	G	U	I	G	B	G
I	R	D	M	A	R	Z	O	O	L
E	A	A	P	R	I	L	E	T	I
L	I	L	A	A	G	O	S	T	O
N	O	V	E	M	B	R	E	O	N
E	R	B	M	E	C	I	D	N	O

_____

2 Abbina la domanda con la risposta.

Match the question to the answer.

1 Come ti chiami?
2 Come stai?
3 Quando è il tuo compleanno?
4 Che segno sei?
5 Che giorno è?
6 Quale stagione ti piace?

A Gemelli.
B Autunno.
C Martedì.
D Il dieci giugno.
E Marco.
F Bene, grazie.

1	2	3	4	5	6
E					

3 Sei bravo/a in matematica? Identifica gli errori.
Attenzione! Non tutte le frasi contengono errori!

Are you good at Maths? Find and correct the errors. Take care! Not all the sentences contain mistakes!

```
e +
meno -
per x
diviso per ÷
fa =
```

1 Tre e quattro fa nove.
2 Dieci meno sei fa quattro.
3 Sei per cinque fa trentuno.
4 Tre per sette fa ventidue.
5 Cinque meno due fa nove.

6 Tredici e diciotto fa trentuno.
7 Diciotto diviso per tre fa otto.
8 Undici per due fa ventitré.
9 Diciannove meno dieci fa ventinove.
10 Sedici diviso per quattro fa otto.

0.3 Che data è?

4 🎧 Ascolta! Lo zodiaco.

Qual è il giorno più fortunato dell'anno? Scrivi la data come nell'esempio.
Which is the luckiest day of the year? Write the date as in the example.

Ariete	_il 12 gennaio_	Leone	_____	Sagittario	_____
Toro	_____	Vergine	_____	Capricorno	_____
Gemelli	_____	Bilancia	_____	Acquario	_____
Cancro	_____	Scorpione	_____	Pesci	_____

5 Quale stagione? Abbina la ragione con la stagione.

Which season do these people prefer? Link the reason with the season.

1. L'autunno
2. L'estate
3. L'inverno
4. La primavera

A perché fa caldo e posso fare il bagno nel mare.
B perché mi piace la neve.
C perché adoro tutti i colori dei fiori.
D perché mi piace vedere tutte le foglie per terra.

6 👥 Ciao!

Rispondi a queste domande.
Answer these questions in Italian.

- Come ti chiami?
- Come stai?
- Quando è il tuo compleanno?
- Che segno sei?
- Quale stagione preferisci?

0.4 A scuola

1 I giorni della settimana. Trova i giorni nascosti!
Find the hidden days.

meocandi _____   dateìmr _____   dìnerve _____

ìovgdie _____   coldìmree _____

deìnul _____   aatsob _____

2 Abbina i giorni!
Match the days!

1 Giorno di	GIOVE	
2 Giorno della	LUNA	lunedì
3 Giorno di	MARTE	
4 Giorno di	SATURNO	
5 Giorno del	SOLE	
6 Giorno di	VENERE	
7 Giorno di	MERCURIO	

domenica
giovedì
martedì
mercoledì
sabato
venerdì
~~lunedì~~

3 La lettura.
Now read this fable about the days and see if you were right!

La favola dei giorni

La famiglia dei giorni abita in una casa chiamata "Settimana", in via dei Mesi. In questa casa ci sono sette figli.

Il primo figlio si chiama domenica, in latino, *dies dominica* o il giorno del Signore, ma è anche chiamato il giorno del sole come in inglese, *Sunday*.

Il secondo figlio della settimana, lunedì, è il giorno della Luna come in inglese *Monday*. Il giorno della luna dopo quello del sole!

Il dio latino, Marte, dà il nome al terzo figlio della settimana, martedì, e anche al mese di marzo. Il dio Tyr dà il nome a *Tuesday*.

Il quarto figlio italiano si chiama mercoledì dal dio Mercurio. Gli inglesi preferiscono un dio scandinavo, Wotan, per *Wednesday*.

Il quinto figlio si chiama giovedì, il giorno dedicato a Giove, il padre degli dèi. Gli inglesi prendono il nome *Thursday* da Thor, il dio più forte per i popoli del Nord.

Il sesto figlio, venerdì è dedicato a Venere, una divinità femminile di origine latina, ma gli inglesi preferiscono *Friday*, da Freya, la mamma di Thor.

Finalmente, il settimo figlio della settimana è sabato dal dio Saturno ed anche dall'ebraico *sabbath*, che significa il giorno del riposo. Gli inglesi chiamano sabato *Saturday* dal dio Saturno.

0.4 A scuola

4 Parole ed espressioni utili nella classe d'italiano.
Label the following pictures choosing from the words in the box and adding **un**, **uno**, **una**, or **un'**.

astuccio	cestino	cellulare	penna
quaderno	temperino	computer	gomma
libro	righello	zaino	sedia
dizionario	blocco per appunti	cartella	cucitrice
cancellino	evidenziatore	matita	

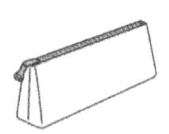

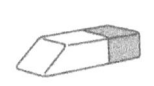

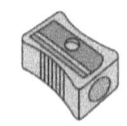

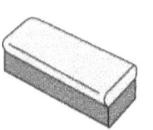

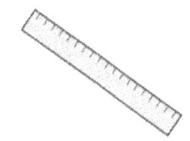

5 ∩ Ascolta! La pronuncia.
Practise saying these words, then listen to them.

cinema, quando, dove, qua, Gucci, Cinzano, orale, buono, ufficio, questo, cipolla, Cile, interessante, importante, duomo, isola, Italia, Sicilia

L'Italia

o Introduzione

1 Quali regioni o isole mancano?
Which regions or islands are missing?

1 Presentazioni

1.1 Gli italiani nel mondo

1 I Paesi del mondo. Trova i Paesi nascosti!

1 micaera _____
2 stauaalir _____
3 adacna _____
4 egsall _____
5 giirleahrnt _____

6 lidnaar _____
7 laitai _____
8 lorooltgap _____
9 zosiac _____
10 rivezzas _____

2 Dove abitano?

Guarda la carta dell'Europa e rispondi alle domande.

- il signor Curran
- la signora Brown
- la signorina Brandt
- i signori Dupont
- i signori Lopé

Esempio: Dove abita il signor Curran? Di che nazionalità è?
Abita in **Irlanda**. È **irlandese**.

1 Dove abita la signora Brown? Di che nazionalità è? _____
2 Dove abita la signorina Brandt? Di che nazionalità è? _____
3 Dove abitano i signori Dupont? Di che nazionalità sono? _____
4 Dove abitano i signori Lopé? Di che nazionalità sono? _____

3 Di dov'è? Dove abita?

Ascolta queste quattro persone e rispondi alle domande.
Di dov'è? Dove abita?

Esempio: È di Firenze ma abita a Bologna.

1 _____
2 _____
3 _____

1.2 Come si scrive?

1 Presentazioni

1a Ascolta! L'alfabeto italiano.

Ascolta e ripeti queste parole.

A altalena	**N** nave
B bicicletta	**O** occhiali
C cane	**P** pane
D dito	**Q** quadro
E elefante	**R** radio
F faro	**S** sole
G gatto	**T** telefono
H hotel	**U** uccello
I Italia	**V** vaso
L libro	**Z** zaino
M matita		

E le altre lettere:

J judo **K** koala **W** windsurf **X** taxi **Y** yogurt

1b Ascolta le combinazioni e trova la parola nel riquadro.

ca	chi	ghe	sco
ce	ga	ghi	sce
ci	ge	gli	sci
co	go	gn	
cu	gu	qu	
che	gi	sca	

gomma	gelato	cubo	foglie
girasole	chiave	gufo	cavallo
scoiattolo	ciclista	quaderno	coniglio
cesto	gnomo	scarpa	
gatto	ghiaccio	sceriffo	
scivolo	oche	gheriglio	

2 Come si scrive? Ascolta e scrivi queste dieci parole.

1	6
2	7
3	8
4	9
5	10

3 Scrivi! Presentazioni.

Descrivi queste persone.

	nome e cognome	nazionalità	nato/a a	età
1	Anna Conti	italiana	Roma	23
2	Elena Martinez	spagnola	Madrid	16
3	Bonnie Lang	americana	New York	41
4	Peter Ford	inglese	Manchester	15
5	Andrew Cameron	scozzese	Glasgow	37
6	Patrick Lynch	irlandese	Dublino	52

Esempio: Si chiama Anna Conti. È italiana. È nata a Roma. Ha 23 anni.

1.2 Come si scrive?

4 **I numeri sono importanti!**

Scrivi la parola accanto al numero come nell'esempio.
Attenzione! Ci sono più numeri che parole!
Sai scrivere le parole che mancano?

> (undici) diciannove quarantacinque sei otto
> quattordici ventuno cinque sedici
> trentadue
> diciassette quaranta cinquantotto cinquantacinque

Esempio: 11 = undici

a 16 = _____
b 45 = _____
c 21 = _____
d 4 = _____
e 17 = _____
f 5 = _____

g 19 = _____
h 30 = _____
i 58 = _____
j 8 = _____
k 18 = _____
l 55 = _____

m 32 = _____
n 12 = _____
o 6 = _____
p 50 = _____
q 40 = _____
r 14 = _____

5 Sei bravo/a in matematica?

Identifica e correggi gli errori. Attenzione! Non tutte le frasi contengono errori!

1 Sei per cinque fa trentacinque.
2 Cinquanta meno ventidue fa ventinove.
3 Tredici e diciotto fa trentuno.
4 Quarantotto diviso per sei fa otto.
5 Undici per quattro fa quarantadue.
6 Diciannove e dieci fa trentanove.

6 Quando è nato/a?

Esempio: Diana: 11.12.1949 Diana è nata l'undici dicembre millenovecentoquarantanove.

1 Antonio: 1.1.1968
2 Lucia: 8.6.1973
3 Cinzia: 28.2.1988
4 Stefano: 22.5.2019

7a Una carta d'identità.

Metti in ordine le informazioni su questa carta d'identità. Scrivi su un foglio di carta.

Cognome	Carlotta
Nome	italiana
Nato/a a	30123 Venezia
Nato/a il	Rossi
Nazionalità	Venezia
Indirizzo	rossic@libero.it
Codice Postale	Calle Bernardo, 14
N° di telefono	3.8.2004
E-mail	*Rossi Carlotta*
Firma	041 520 40 34

7b Rispondi alle domande.

1 Come si chiama?
2 Dov'è nata?
3 Quando è nata?
4 Di che nazionalità è?
5 In quale città abita?
6 Come si chiama la strada dove abita?
7 Qual è il codice postale?
8 Qual è il suo numero di telefono?
9 Qual è il suo indirizzo e-mail?

1.3 In famiglia

1 Angela presenta la sua famiglia.

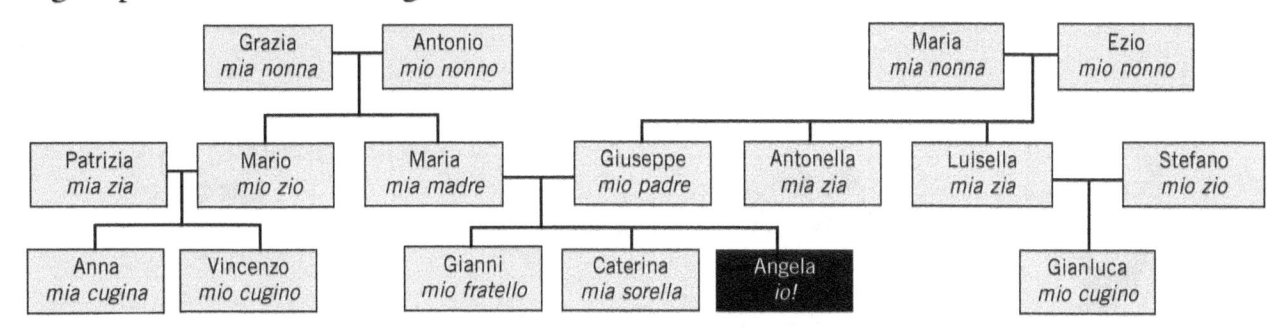

```
        Grazia ─── Antonio                              Maria ─── Ezio
       mia nonna   mio nonno                          mia nonna  mio nonno
           │                                               │
    ┌──────┴──────┐      ┌────────┬────────┬────────┐      │
Patrizia ─ Mario    Maria ─── Giuseppe  Antonella  Luisella ─── Stefano
 mia zia  mio zio  mia madre  mio padre  mia zia   mia zia     mio zio
    │                   │                             │
  ┌─┴─┐           ┌─────┼─────┐                    Gianluca
 Anna Vincenzo  Gianni Caterina Angela            mio cugino
mia cugina mio cugino mio fratello mia sorella  io!
```

a) Vero o falso? Correggi le frasi false.
1 La madre di Anna si chiama Maria.
2 Il padre di Gianni si chiama Giuseppe.
3 Antonella è la zia di Angela.
4 Grazia è la nonna di Gianluca.
5 Ezio è il nonno di Caterina.

b) Completa le frasi.
1 Gianni è il _____ di Angela.
2 Caterina è la _____ di Angela.
3 Maria è la _____ di Angela.
4 Antonio è il _____ di Angela.
5 Patrizia è la _____ di Angela.

2a La mia famiglia.

Leggi e completa le informazioni nell'albero genealogico.

Ciao, mi chiamo Leonardo. Ho una sorella che si chiama Annamaria. Mia madre si chiama Sara e mio padre Antonio. Mio padre è figlio unico. Non ha né fratelli né sorelle. I genitori di mio padre si chiamano Anna e Leonardo. Mia madre invece ha una sorella gemella, Clara. I genitori di Clara e Sara si chiamano Patrizia e Carlo. Sono anche i miei nonni!

Mia zia Clara ha un marito che si chiama Mario. Ho anche due cugini, che sono i figli di Clara e Mario. I miei cugini si chiamano Paolo e Gianfranco. Paolo è molto intelligente ma è timido. Gianfranco è chiacchierone e molto divertente.

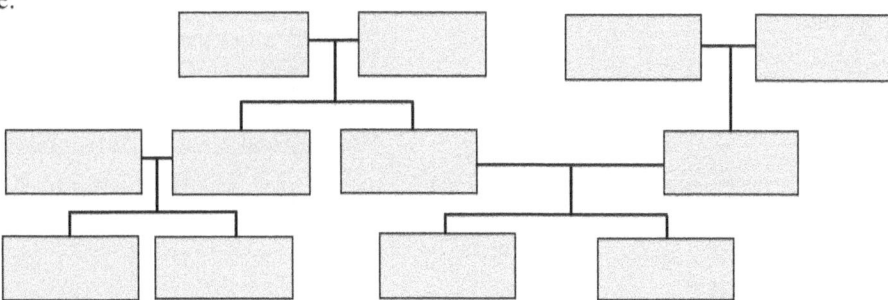

2b Correggi queste frasi false.
1 Leonardo ha una sorella che si chiama Sara.
2 La sorella di Antonio si chiama Annamaria.
3 Antonio ha due fratelli.
4 La madre di Leonardo ha una sorella e un fratello.
5 Il marito di Clara si chiama Paolo.
6 I cugini di Leonardo si chiamano Patrizia e Gianfranco.
7 Paolo non è molto intelligente.
8 Gianfranco e Paolo sono timidi.

3 Ascolta! La nuova ragazza.

Com'è la nuova ragazza di Stefano? Scegli la parola/l'espressione giusta.

1 La nuova ragazza di Stefano si chiama Carla/Giuseppina/Giuliana.
2 È alta/bassa.
3 È grassa/snella.
4 Ha i capelli corti/lunghi.
5 Ha i capelli biondi/rossi.
6 Ha i capelli ondulati/lisci.
7 Ha gli occhi verdi/azzurri.
8 Porta gli occhiali/le lenti a contatto.

1.3 In famiglia

4 🎧 Ascolta! Chi è il ladro?
Trova la persona che corrisponde alla descrizione, poi descrivi una delle altre persone su un foglio di carta.

A   B   C   D

5 Qual è la forma plurale di questi sostantivi?
stazione, libro, telefono, rivista, mese, bambino, lezione, ragazza, animale, lavoro, aeroporto, casa, giardino, zia, studente, penna, signore

_____
_____
_____

ricorda

Il plurale dei sostantivi

Singolare	Plurale
o	i
a	e
e	i

6 Cambia dal singolare al plurale.

Esempio: una studentessa italiana ▶ due studentes**se** italian**e**
1 un insegnante inglese _____
2 un ragazzo italiano _____
3 una ragazza spagnola _____
4 un cognome tedesco _____
5 un nome russo _____

ricorda

Il plurale degli aggettivi

Singolare	Plurale	Singolare	Plurale
o	i	e	i
a	e	e	i

Some adjectives add an 'h' in the plural
Esempio:
tedesco, tedesca ▶ tedes**ch**i, tedes**ch**e

7 Completa queste frasi con le forme adatte del verbo **essere**.
1 Io _____ italiano, lei _____ francese.
2 Di dov'_____, signora?
3 Giorgio _____ di Bologna.
4 Dove _____, Gianni?
5 Noi _____ a casa.
6 Stefano e Gianluca _____ in città.

8 Completa queste frasi con le forme adatte del verbo **avere**.
1 Annamaria _____ tredici anni.
2 Maria _____ ragione.
3 Giorgio e Gianluca _____ torto.
4 Noi _____ fame, ma voi _____ sete.
5 Io _____ caldo, ma tu _____ freddo.
6 Lei _____ fretta, ma noi non _____ voglia di uscire.

2 Tempo libero

2.1 Cosa ti piace fare?

1 Trova gli sport nascosti! Qual è l'articolo (il/la/lo/l')?

1 baaecoir _____
2 oilcca _____
3 micisocl _____
4 stralalneopac _____
5 ocheyk _____

6 tuono _____
7 nolapalma _____
8 buyrg _____
9 cis _____
10 lavalolop _____

2 Ascolta! Opinioni e preferenze.

Indica con ✓ se l'opinione è positiva, negativa, o positiva e negativa.

Positivo ☺	Negativo ☹	Positivo e Negativo ☺☹
1		
2		
3		
4		
5		

3 Scrivi l'articolo determinativo giusto davanti alle parole.

Volgi tutto al plurale come nell'esempio.

Esempio: (la/l'/il/lo) lezione ▶ **la** lezione ▶ **le** lezion**i**

1 (lo/l'/il/la) ___ aeroporto _____
2 (l'/la/lo/il) ___ museo _____
3 (lo/la/il/l') ___ scuola _____
4 (la/il/lo/l') ___ spagnolo _____

5 (il/l'/lo/la) ___ settimana _____
6 (l'/il/lo/la) ___ stadio _____
7 (lo/l'/la/il) ___ zero _____
8 (lo/la/il/l') ___ aereo _____

4 Ascolta! Qual è il tuo passatempo preferito?

Chiara e Paolo parlano dei passatempi. Abbina le frasi e scrivi le lettere giuste nelle caselle.

1 Chiara preferisce ascoltare	A	i programmi sportivi.
2 Paolo preferisce	B	i film comici.
3 Paolo gioca a calcio	C	ogni venerdì.
4 A Chiara non piacciono	D	lo sport.
5 Chiara preferisce guardare	E	la musica rock.
6 Chiara va in discoteca	F	ogni sabato.

1	2	3	4	5	6
E					

2.2 Passatempi preferiti

1a Fa' un elenco delle cose che ti piace fare e delle cose che non ti piace fare.

andare in discoteca	usare il cellulare	ascoltare la musica	giocare a scacchi
leggere	andare al cinema	andare in piscina	andare in città
guardare la televisione	fare sport	nuotare	leggere i fumetti
navigare in Internet	mandare e-mail	andare a teatro	passeggiare con il cane
chattare	usare il computer	giocare a carte	uscire con amici

Mi piace ☺	Non mi piace ☹

1b Scegli due cose che ti piace fare e due cose che non ti piace fare e spiega perché.

Esempio: Mi piace molto chattare perché è interessante.
Non mi piace leggere perché è noioso.

1c Scegli cinque delle attività nell'elenco e scrivi quando e con chi fai queste attività.

Esempio: Vado in discoteca ogni venerdì con i miei amici.

2 Quante volte fai queste attività?
Scrivi quando fai queste attività.

Esempio: giocare a calcio/1/settimana
Gioco a calcio una volta alla settimana.

1 giocare a tennis/3/anno
2 andare in piscina/1/giorno
3 fare sport/1/settimana
4 praticare danza/lunedì
5 andare a cavallo/sabato

2.3 Amici, teniamoci in forma!

2 Tempo libero

1a Leggi gli annunci.

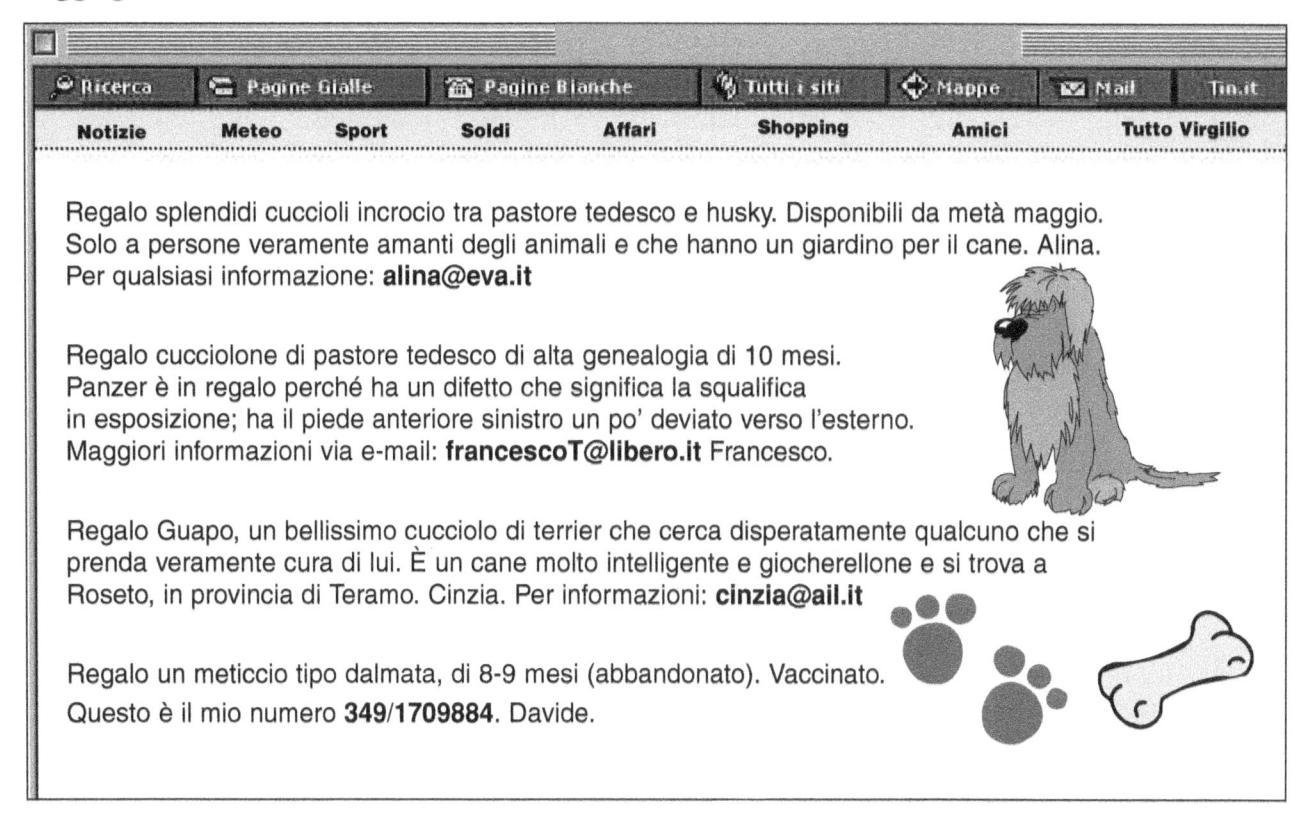

Regalo splendidi cuccioli incrocio tra pastore tedesco e husky. Disponibili da metà maggio. Solo a persone veramente amanti degli animali e che hanno un giardino per il cane. Alina. Per qualsiasi informazione: **alina@eva.it**

Regalo cucciolone di pastore tedesco di alta genealogia di 10 mesi. Panzer è in regalo perché ha un difetto che significa la squalifica in esposizione; ha il piede anteriore sinistro un po' deviato verso l'esterno. Maggiori informazioni via e-mail: **francescoT@libero.it** Francesco.

Regalo Guapo, un bellissimo cucciolo di terrier che cerca disperatamente qualcuno che si prenda veramente cura di lui. È un cane molto intelligente e giocherellone e si trova a Roseto, in provincia di Teramo. Cinzia. Per informazioni: **cinzia@ail.it**

Regalo un meticcio tipo dalmata, di 8-9 mesi (abbandonato). Vaccinato. Questo è il mio numero **349/1709884**. Davide.

---

un difetto	defect
un meticcio	cross (dog)

1b Quale animale?

Queste persone cercano un animale. Scegli un animale per loro. Come troveranno ulteriori informazioni?

1 Vorrei tanto un dalmata, ma non ho abbastanza soldi per un cane di razza. _____
2 Vorrei un pastore tedesco di razza, ma non da presentare in esposizione. _____
3 Ho un gran giardino e vorrei un cucciolo. Mi piacciono molto gli husky, però un meticcio va bene lo stesso. _____
4 Abito in Abruzzo e mi piacciono i cani intelligenti, che vogliono anche giocare. _____

1c Answer these questions in English.

1 When will Alina's puppies be ready to take home? _____
2 Why is Panzer free to a good home? _____
3 Describe Guapo's character. _____
4 Why does the Dalmatian cross need a good home? _____

2.3 Amici, teniamoci in forma!

2 Leggi! Lo sci alpino è l'ideale per …

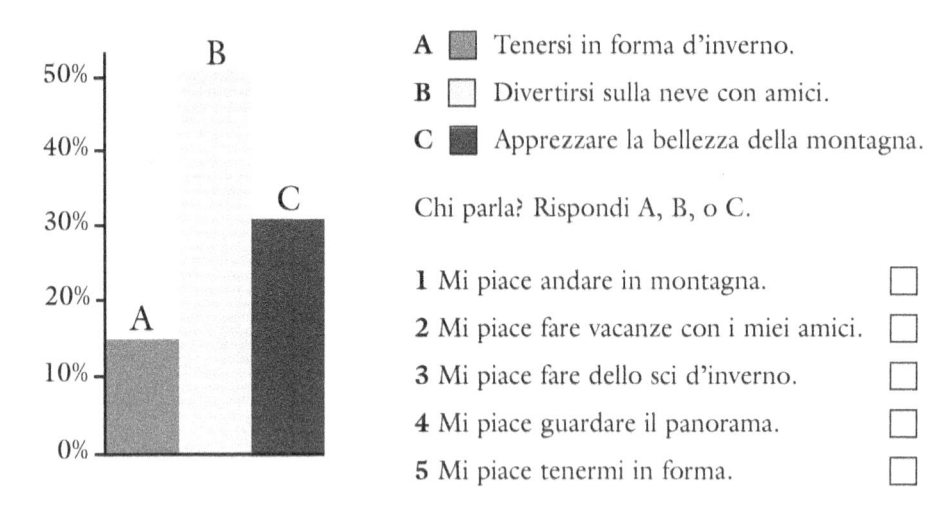

A ▨ Tenersi in forma d'inverno.
B ☐ Divertirsi sulla neve con amici.
C ▨ Apprezzare la bellezza della montagna.

Chi parla? Rispondi A, B, o C.

1 Mi piace andare in montagna. ☐
2 Mi piace fare vacanze con i miei amici. ☐
3 Mi piace fare dello sci d'inverno. ☐
4 Mi piace guardare il panorama. ☐
5 Mi piace tenermi in forma. ☐

3a C'è posta per tutti! Leggi e rispondi alle domande.

Amici Chat

Ciao, sono **Luisa**. Io vivo con la mamma ed ho una sorella. Il mio carattere è riservato. I miei passatempi preferiti sono danzare e giocare al computer.

Ciao, sono **Gianna**. Io vivo con la mamma e il papà e ho un fratello. I miei passatempi preferiti sono andare in giro con amici e andare in piscina.

Ciao, sono **Vincenzo**, sono alto e magro. Il mio sport preferito è il karatè. I miei passatempi preferiti sono giocare, disegnare e leggere libri. Io vivo con la mamma e il papà e non ho fratelli, ma ho una gatta carina che si chiama Mila.

Ciao, sono **Liana**. Il mio sport preferito è la pallacanestro. Giro anche spesso con la bicicletta e il monopattino.
Io vivo con la mamma e il papà ma non ho fratelli. Provo molto affetto per il cane di mia zia. Quando arrivo a casa sua mi fa le feste!

Ciao, sono **Giorgio**. I miei sport preferiti sono la pallavolo e lo snow-board. Io vivo con la mamma e il papà ma non ho fratelli.

Ciao, sono **Alessandro**. Il mio sport preferito è il calcio (tifo per l'Inter) e seguire le gare di moto (mi piace Valentino Rossi). Io vivo con mio padre e mia madre ed ho un fratello. Il mio carattere è buono e paziente. I miei passatempi preferiti sono giocare con la PlayStation© e a calcio con mio fratello.

3b A chi piace …

1 la pallavolo? _____
2 danzare? _____
3 nuotare? _____
4 la gatta? _____
5 un cane? _____
6 andare in giro? _____

3c Indica se le affermazioni sono V (vere), F (false) o ? (se non sono indicate).

1 Gianna ha un fratello. ☐
2 Vincenzo ha un cane. ☐
3 Giorgio ha un fratello. ☐
4 Ad Alessandro piacciono le gare di moto. ☐
5 Liana preferisce la pallamano. ☐
6 A Luisa piace cantare. ☐

2 Tempo libero

4 Un po' di grammatica!

Completa le frasi con le preposizioni articolate appropriate. Scegli fra al/all'/allo/ai/agli/alla/alle.

1 Gioco a tennis due volte _____ settimana.
2 Vado _____ cinema una volta _____ mese.
3 Sono a scuola sei ore _____ giorno.
4 Mi piace andare _____ cinema.
5 Preferisco andare _____ centro sportivo.
6 Vedo la partita _____ stadio.
7 Mi piace molto andare _____ concerti.

Adesso, scegli fra del/dell'/dello/dei/degli/della/delle.

8 Cosa pensi _____ lettura?
9 Cosa pensa _____ hockey?
10 Cosa pensate _____ fumetti?
11 Cosa pensano _____ ciclismo?
12 Cosa pensa _____ sci?

5 I verbi sono importanti!

Abbina la persona in colonna A con il verbo in B.

A	B
Io	ascolta la radio.
Tu	giochiamo a calcio.
Lui	preferisco lo sci.
Lei	vanno in montagna.
Noi	uscite con amici.
Voi	guarda la televisione.
Loro	leggi un libro.

6a Che manca?

Riempi gli spazi vuoti.

1 Paolo gioc…… a tennis.
2 Gioc…… con il mio computer.
3 I ragazzi pattin…… nel centro sportivo.
4 Tu gioc…… a tennis?
5 Luisa suon…… il violino.
6 Gianni nuot…… ogni sera.
7 I miei genitori guard…… la televisione.
8 Mia sorella guard…… un film.
9 Noi ascolt…… la musica.
10 Io legg…… delle riviste.
11 Tu prefer…… i film comici.
12 Io prefer…… i film romantici.

6b Metti la forma corretta del verbo.

1 Io _____ con amici. (uscire)
2 Noi _____ al cinema. (andare)
3 Lei _____ in piscina. (andare)
4 _____ una passeggiata con il mio cane. (fare)
5 Voi _____ al parco? (andare)
6 Io _____ a teatro. (andare)
7 Gianni _____ italiano. (essere)
8 Io _____ una sorella. (avere)

7a Ascolta! Gianna e Paolo.

Riempi gli spazi vuoti.

Ciao a tutti, Mi chiamo Gianna. …… i capelli e gli occhi marroni, …… alta e snella. I miei passatempi preferiti sono …… al GameBoy e …… i cartoni animati. …… a judo tre volte alla settimana.

Ciao, mi …… Paolo, ho sedici anni. …… i capelli e gli occhi castani e …… alto e magro. Io …… il tempo a giocare a palla, al GameBoy e alla PlayStation, …… la televisione. Ogni giorno …… in bicicletta o …… a calcio. Due volte alla settimana …… in una palestra a San Remo a fare la ginnastica. E voi …… qualche sport? Ora vi …… tanti saluti.

7b Chi è? Gianna o Paolo?

1 È alto e magro. _____
2 Le piace guardare i cartoni animati. _____
3 Fa il judo. _____
4 Gioca a calcio ogni giorno. _____
5 Va spesso in bicicletta. _____

8 Scrivi una descrizione di Gianna e Paolo.

3 A casa
3.1 Dove abiti?

1 In città.

Scrivi l'articolo determinativo davanti alle parole e poi volgi tutto al plurale come negli esempi.

Esempi: castello   il castello ▶ i castelli

          banca   la banca ▶ le banche

1 biblioteca   _____
2 bar   _____
3 torre   _____
4 museo   _____
5 chiesa   _____
6 ponte   _____
7 mercato   _____
8 fontana   _____

2 Dove siamo in città? Trova le lettere mancanti!

1 __a__c__e__gi__

2 __en__r__ s__o__ __i__o

3 __f__i__i__ __os__a__e

4 __a__te__ra__e

5 __u__ici__i__

3 Finisci le frasi e poi volgi ogni frase al plurale.

Esempio: Il ragazzo è alt… Il ragazzo è alt**o**. ▶ **I** ragazz**i** sono alt**i**.

1 L'appartamento è spazios… .   _____
2 La casa è piccol… .   _____
3 La camera è elegant… .   _____
4 Il giardino è bell… .   _____
5 La città è grand… .   _____
6 La torre è alt… .   _____

4 Immagina di essere queste persone.

Con l'aiuto delle espressioni utili (a pagina 31 nel libro dello studente), scrivi delle frasi per descrivere dove abitano Antonio e Maria.

Esempio: Abito a Edimburgo.

Antonio	**Maria**
Edimburgo	Sydney
Scozia	Australia
in periferia	un quartiere commerciale
un quartiere residenziale	di fronte al teatro
accanto all'ufficio postale	

3 A casa

5 Ascolta! Dove preferisci abitare? In città o in campagna?

Marco e Caterina parlano di dove preferiscono abitare.
Correggi queste affermazioni false.

Dialogo 1
1 A Marco piace abitare in periferia.
2 Secondo Caterina, c'è troppa gente in città.
3 A Caterina piace abitare in città.

Dialogo 2
1 Caterina preferisce abitare in città.
2 Secondo Caterina, l'aria è più sporca in campagna.
3 Marco trova la campagna interessante.

6 Tocca a te!

Scrivi tre vantaggi e tre svantaggi di vivere in città.

Vantaggi

_____
_____
_____

Svantaggi

_____
_____
_____

7a Leggi questa lettera.

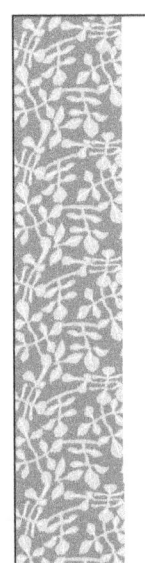

Ciao,

abito lontano dal centro di Bologna in un paese di circa mille abitanti che si trova in mezzo alla campagna. Preferisco abitare in paese che in città perché è più tranquillo e non c'è molto traffico. Non c'è molto da fare, però, in fondo alla mia strada c'è un campo sportivo dove vado spesso a giocare a calcio. Accanto al campo sportivo abbiamo anche una bella piscina.

Com'è la tua zona?

A presto,

Matteo

7c Scrivi una lettera a Matteo. Rispondi a tutte le domande.

- Dove abiti?
- Com'è la tua città/il tuo paese?
- Che cosa c'è da fare?
- Ti piace la tua città/il tuo paese? Perché?
- Preferisci abitare in campagna o in città? Perché?

7b Rispondi alle domande.

1 Dove abita Matteo?
_____

2 Quante persone abitano nel suo paese?
_____

3 Perché preferisce abitare in campagna?
_____

4 Cosa fa Matteo nel tempo libero?
_____

3.2 Casa mia

1 Leggi. Vendesi!
Abbina la famiglia con l'appartamento giusto.

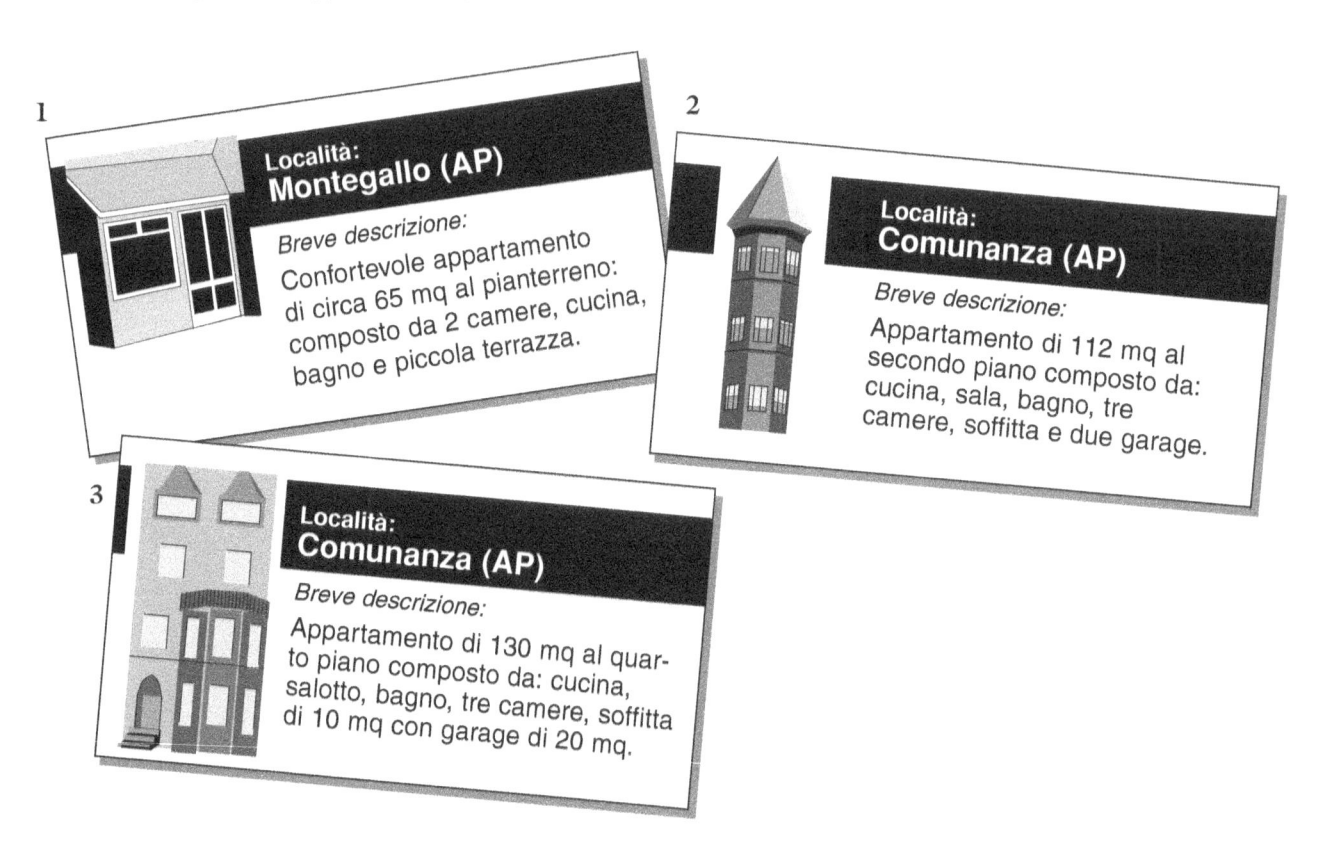

1
Località: **Montegallo (AP)**
Breve descrizione:
Confortevole appartamento di circa 65 mq al pianterreno: composto da 2 camere, cucina, bagno e piccola terrazza.

2
Località: **Comunanza (AP)**
Breve descrizione:
Appartamento di 112 mq al secondo piano composto da: cucina, sala, bagno, tre camere, soffitta e due garage.

3
Località: **Comunanza (AP)**
Breve descrizione:
Appartamento di 130 mq al quarto piano composto da: cucina, salotto, bagno, tre camere, soffitta di 10 mq con garage di 20 mq.

A Famiglia Rossi: una coppia in forma, cerca un appartamento grande con garage.
B Famiglia Mazzini: padre e figlio cercano un piccolo appartamento comodo.
C Famiglia Del Piero: una coppia giovane con un bambino, cerca un appartamento con almeno un garage per la Ferrari. Hanno anche un'altra macchina.

1	
2	
3	

2 Volere, dovere o potere?
Completa le frasi con la forma corretta del verbo tra parentesi.

1 Paolo _____ comprare una casa grande. (volere)

2 Daniela _____ assolutamente andare in Australia. (dovere)

3 Tu _____ provare l'atmosfera magica di Melbourne. (potere)

4 Si _____ andare al mercato. (potere)

5 Io _____ andare a vedere il castello. (volere)

22

3.2 Casa mia

3 🎧 **Ascolta! Una casa ideale.**
Come si chiamano le stanze?

1 _____	10 _____
2 _____	11 _____
3 _____	12 _____
4 _____	13 _____
5 _____	14 _____
6 _____	15 _____
7 _____	16 _____
8 _____	17 _____
9 _____	

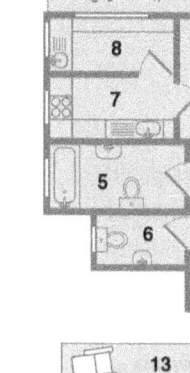

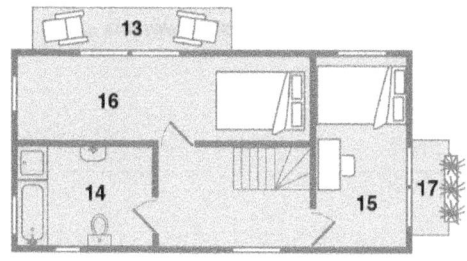

4 🎧 **Guarda il disegno. Ascolta di nuovo.**
Rispondi alle domande come nell'esempio.
Esempio: Cosa c'è nel bagno (numero 6)? Nel bagno ci sono un gabinetto e un lavabo.

1 Cosa c'è nel salotto?
_____

2 Cosa c'è nella sala da pranzo?
_____

3 Cosa c'è nella cucina?
_____

4 Cosa c'è sul balcone (numero 17)?
_____

5 Cosa c'è nella camera (numero 16)?
_____

5 ✏ **Che cosa manca?**
Secondo te, quali oggetti mancano nella camera numero 15?
Esempio: Manca un armadio.
_____
_____
_____

6 ✏ **Ti piace?**
Guarda il disegno. Ti piace la casa? Giustifica la tua risposta.
_____
_____

3.3 La mia camera

1a Leggi! La mia camera ideale.

La mia stanza

Lungo il corridoio c'è una porta. Apro la porta e vedo una stanza abbastanza grande. La finestra dà sul giardino con alberi e fiori. Nella camera il copriletto e i cuscini sono bianchi. Alle pareti sono appesi poster di bellissimi cantanti famosi che mi guardano. Faccio un giro nella camera, apro l'armadio e i cassetti, ci sono i miei vestiti, tutte le mie cose. C'è una scrivania. Davanti alla scrivania c'è una sedia.

Mara

La mia stanza

La mia camera è piccola ma mi piace molto. Per me è la stanza più importante della casa. Ho tutte le mie cose, i miei libri e i miei vestiti, la TV, il computer. È il mio piccolo mondo.

Roberto

1b Di chi è la stanza? Scrivi Mara o Roberto.

1 La mia camera non è grande. _____
2 Ho un televisore nella camera. _____
3 Mi piace guardare persone molto conosciute. _____
4 Posso vedere il giardino dalla stanza. _____

1c Leggi di nuovo la lettera di Mara.

Rispondi alle domande in italiano.

1 Com'è il giardino di Mara? _____
2 Di che colore è il copriletto? _____
3 Che cosa si vede alle pareti? _____
4 Cosa c'è nell'armadio? _____
5 Che c'è davanti alla scrivania? _____

2 La camera è bella.

Quante frasi puoi fare con questi sostantivi e aggettivi?

Esempio: La finestra è chiusa.

una stanza	grande	bianco
la finestra	piccolo	azzurro
un copriletto	verde	chiuso
i cuscini	giallo	aperto
le pareti		
una scrivania		

24

4 La vita quotidiana
4.1 Una giornata tipica

1a La mia giornata.

Leggi le due lettere.

> Ciao!
> Mi chiamo Angelina e vivo a Roma. Ho i capelli e gli occhi castani. Sono alta e magra. Ho un cane di nome Bobbi, un coniglio e un canarino. Frequento la scuola secondaria.
> Ecco la mia giornata! Mi alzo alle otto meno dieci e da lunedì a sabato vado a scuola. Dalle tre alle cinque del pomeriggio faccio i compiti, dalle cinque e un quarto alle sei guardo la TV. Ceno alle otto di sera e vado a dormire alle nove. A letto, leggo un libro. Passo molto tempo ad ascoltare musica e a suonare la chitarra. Il mio sport preferito è il tennis.
> Un saluto dall'Italia.
> Angelina

> Salve!
> Mi chiamo Sergio e ho sedici anni. Ho i capelli castani e gli occhi blu e non sono molto alto. Vivo a Venezia con mio padre e mia madre. Io sono figlio unico. Mi alzo alle sette e mezzo. Sto a scuola dalle otto e mezzo alle tredici e trenta per tre giorni alla settimana, e fino alle diciassette e trenta negli altri tre. Mi piacciono il cioccolato, il calcio e il computer ... ma non mi piace cantare.
> Un saluto da Venezia.
> Sergio

1b Indica se le affermazioni sono V (vere), F (false) o ? (se non sono indicate).

Angelina

1. Vive a Roma. ☐
2. Ha una sorella. ☐
3. Ha un cane. ☐
4. Non ha altri animali. ☐
5. Cena alle nove di sera. ☐
6. Gioca spesso a calcio. ☐

Sergio

1. Ha diciassette anni. ☐
2. Vive a Venezia con i genitori. ☐
3. Si alza alle otto e mezzo. ☐
4. Va a scuola solo tre giorni alla settimana. ☐
5. La sua materia preferita è l'inglese. ☐
6. Non gli piace lo sport. ☐

1c Rispondi alle domande.

1. Com'è Angelina?
2. Quali animali ha?
3. Quando va a scuola?
4. Cosa fa nel tempo libero?
5. Sergio è alto o basso?
6. Sergio ha fratelli o sorelle?
7. Cosa gli piace mangiare?
8. Cosa non gli piace fare?

4.1 Una giornata tipica

2 I verbi.
Metti i verbi alla forma corretta del presente, come nell'esempio.

Esempio: Io _____ sempre alle otto. (svegliarsi) Io **mi sveglio** sempre alle otto.

Sabato mattina (io) _____ (alzarsi) verso le nove, _____ (fare) colazione e poi _____ (prepararsi) ad uscire. Di solito _____ (andare) in città a fare un po' di spese. A volte _____ (incontrare) qualche amico e _____ (andare) a prendere qualcosa da bere. _____ (tornare) a casa per pranzare e dopo _____ (guardare) lo sport alla televisione. Mi _____ (piacere) soprattutto il calcio. Se non c'_____ (essere) niente che _____ (volere) guardare, _____ (leggere) qualcosa, il giornale o un libro, oppure _____ (navigare) in Internet. _____ (cenare) verso le sette, sette e mezza, e poi _____ (uscire). Qualche volta _____ (prendere) l'autobus fino al centro perché non _____ (avere) voglia di fare altri tre chilometri a piedi. _____ (preferire) andare al cinema se c'_____ (essere) un bel film, se no, _____ (girare) per la città e _____ (fermarsi) in un bar a prendere qualcosa da bere. Se _____ (perdere) l'ultimo autobus, che _____ (partire) alle undici, _____ (chiamare) un tassì. Arrivato a casa _____ (andare) subito a letto.

3 Ascolta Antonio e Gianna.
Ascolta Antonio, un casalingo, e Gianna, una studentessa, che parlano della loro giornata.
Rispondi Antonio o Gianna.

Chi …
1 si alza prima la mattina?
_____
2 non prepara la colazione?
_____
3 lavora in casa?
_____
4 prepara da mangiare?
_____
5 non ha molto tempo libero?
_____
6 va a letto tardi?
_____

4.2 Lavori in casa

4 La vita quotidiana

1 Ascolta! Lavori da donna o da uomo?

a) Ascolta Daniela e Stefano. Chi fa queste attività? Daniela o Stefano?

Daniela	Stefano

fare la spesa
aiutare in cucina
svuotare la lavastoviglie
preparare la tavola
leggere il giornale
sparecchiare

b) Chi sembra di aiutare di più e perché?
_____

2 Scrivi delle frasi!

Scrivi sei frasi usando le espressioni qui accanto.

Esempio: apparecchiare la tavola ▶ Apparecchio la tavola ogni giorno.

_____
_____
_____
_____
_____
_____

Attività
apparecchiare la tavola
caricare e svuotare la lavastoviglie
mettere i panni sporchi in lavatrice
sistemare la mia camera
passare l'aspirapolvere
sistemare il giardino
fare la spesa

Ogni quanto?	una volta al mese
ogni lunedì	qualche volta
due volte alla settimana	ogni mattina
	ogni tanto

3 La forma progressiva del presente.

Completa le frasi con la forma corretta di **stare + gerundio**.

Esempio: Che cosa _____? (succedere) ▶ Che cosa **sta succedendo**?

Questa è la scena che trova la mamma quando torna a casa inaspettatamente!

La figlia più piccola _____ (guardare) un film per adulti alla televisione,

il figlio Stefano, che ha dieci anni, _____ (fumare) una sigaretta,

il bambino _____ (piangere) perché non riesce ad aprire la porta del

bagno e la nonna è in giardino e _____ (ascoltare) la musica rap e

_____ (ballare) da sola! Il nonno _____ (fare) il bagno nella piscina

dei vicini che sono in vacanza, i due cani _____ (correre) su e giù per

le scale e il gatto _____ (finire) il pranzo del padre che _____

(dormire) tranquillamente sul divano!

4.2 Lavori in casa

4a Leggi! Un sabato come tanti per una casalinga!

Sabato

- Sabato mattina, non lavoro … una tranquilla giornata di riposo? Purtroppo, no!
- Mia figlia Antonella va a scuola anche di sabato. La sveglia suona alle sette e trenta e la nostra giornata incomincia: colazione per Antonella e latte per Mario. Antonella non trova i vestiti nell'armadio ma finalmente va a scuola alle otto.
- Carico la lavatrice. Inizio a stirare i panni. Alle nove, faccio pausa. Anch'io faccio colazione!
- Per fortuna, il mucchio di panni diminuisce, ma vedo ancora panni bagnati. Mario cerca colazione.
- Sono le dieci, e non c'è più la pila di panni da stirare, ma il resto della casa mi aspetta: tre letti da disfare e il cesto dei panni sporchi è pieno un'altra volta! L'aspirapolvere nella mano destra, un panno per spolverare nella sinistra.
- È mezzogiorno e quasi ora di pranzo. Preparo qualcosa, apparecchio la tavola e pranziamo.
- Vorrei sdraiarmi sul divano, ma degli amici vengono a cenare stasera e devo andare al supermercato.
- Al supermercato riempio un grosso carrello, arrivo alla cassa e pago. Torno a casa alle tre.
- Metto in ordine la spesa e comincio a preparare la cena: antipasto, primo piatto, secondo piatto, dolce. Che ore sono? Sono già le sei e apparecchio la tavola. Ho solo trenta minuti per farmi una doccia e vestirmi. Gli amici arrivano fra poco!

4b Rispondi alle domande.

1 Sabato è un giorno lavorativo per la mamma?
2 Cosa fa Antonella?
3 A che ora suona la sveglia?
4 Chi beve il latte?
5 A che ora va a scuola Antonella?
6 Cosa comincia a fare la mamma?
7 A che ora fa colazione la mamma?
8 Quanti letti ci sono da disfare?
9 A che ora pranzano?
10 Perché la mamma non può sdraiarsi?

4c Racconta la storia della casalinga da "Al supermercato …"

Esempio: Al supermercato riempie un grosso carrello …

4.3 A tavola

4 La vita quotidiana

1 Trova le parole nascoste!
Unjumble these words, which are to do with laying the table!

1 cbicirehe _____
2 loolcelt _____
3 hacicocui _____
4 caerhtfot _____
5 tatpio _____
6 vagliato _____
7 goovatolil _____

2 Ascolta! La curiosona.
Listen to Antonella talking to her mother about cutlery and answer the questions in English.

1 What time of day is it? _____
2 What is Antonella helping her mother to do? _____
3 Which was the first item of cutlery to be invented? _____
4 Which was the second? _____
5 How many prongs did the first fork have? _____

3 Dizionario! Panini creativi.

> Inventate nuovi panini. Infilate dovunque potete delle verdure: melanzane, pomodori, carote, peperoni, cetrioli, spinaci e poi basilico, prezzemolo e via dicendo. Mescolate la frutta dovunque potete, provate le salse, mettete parmigiano.

Use a dictionary to find out what sort of things this item is suggesting you put in your sandwiches! Make a list of the new words in the singular, with their gender.

_____
_____
_____
_____
_____
_____
_____

4 Rispondi alle domande in italiano.

A che ora fai colazione?
_____

Che cosa mangi/bevi?
_____

A che ora pranzi?
_____

Che cosa mangi/bevi?
_____

A che ora ceni?
_____

Che cosa mangi/bevi?
_____

Qual è il tuo piatto preferito?
_____

5 Scuola e futuri progetti

5.1 Com'è la tua scuola?

1a Leggi! La nostra scuola.

La scuola di Annamaria

Ciao, sono Annamaria, ecco una descrizione della nostra scuola. Al primo piano, ci sono: un'aula disegno, dove facciamo l'educazione artistica; un laboratorio multimediale dove impariamo l'inglese e una palestra grande dove giochiamo a pallacanestro o a pallavolo. Al secondo piano, c'è una bellissima sala cinematografica. La biblioteca con più di seimila volumi si trova accanto a questa sala. Ci sono anche un laboratorio d'informatica ed un'aula video.

La scuola di Gennaro

Salve, mi chiamo Gennaro. La nostra scuola è situata in Via Gramsci ed è stata costruita intorno agli anni 1920-25. La scuola è a due piani. Il primo, cioè il piano terra, è composto da un lungo corridoio d'accesso, la bidelleria con i servizi per i disabili, la camera oscura dove si sviluppano le fotografie, l'aula d'informatica dove si lavora con il computer, la classe V, la classe III, la palestra ed infine i bagni per insegnanti e alunni.

Prima di arrivare al secondo piano, c'è una grande scala di marmo. Il secondo piano si apre con un lungo corridoio ai lati del quale si trovano l'aula insegnanti, la biblioteca, la classe I, la classe II, la classe IV, l'aula video, l'aula per attività grafico-pittoriche e le toilette per insegnanti e alunni. La nostra scuola ci piace molto, perché all'esterno ha un gran parco con dei pini. D'estate, usciamo sempre a giocare durante la ricreazione.

2 🎧 Ascolta! Lo sport a scuola.

Quali sport si possono fare a questa scuola? Scegli la risposta giusta.

1 Nella prima palestra si può giocare a pallavolo/pallanuoto/pallacanestro/pallamano.
2 Nella seconda palestra si può giocare a pallavolo/pallanuoto/pallacanestro/pallamano.
3 Fuori si può giocare a pallavolo/pallanuoto/pallacanestro/pallamano.
4 La saletta a pesi si trova nella prima palestra/nella seconda palestra/fuori.
5 Si può fare atletica nella prima palestra/nella seconda palestra/fuori.

1b La scuola di Annamaria.

Rispondi alle domande.

Ricorda! nel, nello, nell', nei, negli, nella, nelle

Esempio: Dove imparano l'inglese? Nel laboratorio multimediale.

1 Dove giocano a basket? _____
2 Dove fanno l'informatica? _____
3 Dove fanno disegno? _____
4 Dove possono guardare dei film? _____
5 Dove si trovano più di 6000 libri? _____

1c La scuola di Gennaro.

Rispondi alle domande.

1 Dove si trova la scuola?
2 Quanti piani ci sono?
3 A quale piano sono i servizi per i disabili?
4 In quale aula ci sono dei computer?
5 Dov'è l'aula insegnanti?
6 Cosa c'è fuori della scuola?

3 ✏ Descrivi i primi due piani della scuola dove impari l'italiano.

Esempio: Al primo piano ci sono …

5.2 A scuola

1a Leggi! Com'è la tua scuola?

Angelo:
La mia scuola inizia l'undici settembre, e finisce il nove giugno. Ogni giorno abbiamo cinque lezioni (qualche volta sei, perché faccio anche dei corsi extracurricolari).

Cinzia:
La mia giornata scolastica è molto lunga ma piacevole, perché svolgo attività diverse e non mi annoio quasi mai. A scuola, il tempo non scorre sempre nello stesso modo. Quando un lavoro è difficile, il tempo non passa mai; quando invece un'attività è divertente, il tempo vola! Il tempo, a scuola, non è dedicato soltanto a studiare ma anche ad attività divertenti e rilassanti.

Biagio:
Io apprendo qualcosa tutti i giorni a scuola dalle otto e dieci alle tredici e quaranta, ed anche dopo scuola: il martedì (corso di tastiera), il mercoledì (corso di nuoto) e la domenica (scout). Il momento da me preferito nella giornata scolastica è, ovviamente, la ricreazione, principalmente perché posso rilassarmi dopo tre ore di lezione e poi anche perché posso chiacchierare con gli amici.

1b Rispondi alle domande.

1 In che data comincia la scuola di Angelo? _____
2 Quante lezioni fa ogni giorno Angelo? _____
3 Cinzia si annoia o si diverte a scuola? _____
4 Come scorre il tempo per Cinzia quando un'attività è difficile? _____
5 Come scorre invece il tempo per Cinzia quando un'attività è divertente? _____
6 Quando va a scuola Biagio? _____
7 Quale strumento impara a suonare Biagio? _____
8 Perché gli piace la ricreazione? _____

2a Leggi! Quale materia è importante?

Secondo me tutte le materie sono importanti, ma l'italiano e la matematica sono le due "materie base".
(Alessandro)

Secondo me è importante tutto: dall'italiano alle attività più esclusive, perché tutto può tornare utile nella vita. (Annetta)

La materia che mi piace di più è la storia, perché mi insegna le cose del passato.
(Domenico)

Secondo me tutte le materie sono importanti.
(Valeria)

2b Correggi queste affermazioni false.

1 L'italiano e la matematica non piacciono ad Alessandro. _____
2 Annetta non impara niente di utile a scuola. _____
3 Domenico preferisce la storia perché gli piace l'insegnante. _____
4 Secondo Valeria, tutte le materie sono inutili. _____

5.2 A scuola

3 🎧 Ascolta! L'orario di Maria.

Completa l'orario con le materie che mancano.

	lunedì	martedì	mercoledì	giovedì	venerdì	sabato
8.20-9.20	italiano		matematica	italiano	matematica	italiano
9.20-10.20		storia		geografia		
10.20-10.30						
10.30-11.20	geografia	italiano	ed. tecnica			
11.20-12.20		scienze	scienze	italiano	musica	
12.20-13.20	arte			ed. fisica	italiano	storia

4 ✏ Leggi e scrivi! Ti piace la scuola?

- Io frequento una scuola secondaria però non mi piace tanto. Il nostro anno scolastico è lungo circa dieci mesi. Inizia nel mese di settembre e finisce all'inizio di giugno.

- A noi piace la scuola, perché ci dà una buona istruzione e qualche volta ci divertiamo!

E tu? Scrivi 5 vantaggi e 5 svantaggi della scuola!

VANTAGGI	SVANTAGGI
ci divertiamo	l'anno scolastico è lungo

5 I possessivi.

Completa le frasi con la forma corretta!

1 Come si chiama _____ fratellino? (tuo)
2 Carla è _____ migliore amica. (mio)
3 _____ insegnanti sono noiosi! (mio)
4 Qual è _____ cognome? (suo)
5 Quali sono _____ indirizzi? (vostro)
6 _____ figlio studia in Australia. (loro)
7 Quanto è lungo _____ anno scolastico? (vostro)
8 _____ parenti abitano in Italia. (nostro)

5 Scuola e futuri progetti

6 Leggi! Qual è la parte preferita della giornata scolastica?

Amici Chat

A La parte preferita della mia giornata è l'intervallo, durante il quale io e i miei compagni possiamo parlare e mangiare le nostre merende.

B Io vado a scuola dal lunedì al venerdì, dalle otto e un quarto all'una e quarantacinque. La mia parte preferita della giornata è la sera, perché sono stanca e mi piace sdraiarmi sul letto.

C Il momento preferito della mattinata scolastica sono le prime tre ore della giornata, perché siamo più freschi di memoria e non siamo stanchi.

D Cari amici, io apprendo in molti luoghi, non solo a scuola. Un altro posto dove imparo qualcosa può essere la scuola di musica o, se si parla di sport, la piscina. Il mio momento preferito di apprendimento è quando c'è l'educazione artistica perché sono molto bravo.

E La mia parte preferita scolastica è quando ci sono le materie tipo italiano. Ad esempio, con la professoressa d'italiano, facciamo un progetto interculturale e parliamo anche di altri Paesi.

Nella tabella scrivi A, B, C, D o E, e il perché.

Lettera	preferisce ...	perché
C	l'inizio della giornata	è più fresco di memoria.
	l'italiano	
	l'arte	
	la sera	
	l'intervallo	

7 Leggi! Materie preferite.

Ciao, io sono Riccardo. Le mie materie preferite sono l'italiano e la matematica.

Io mi chiamo Andrea. Mi piace giocare al computer. Tra le materie scolastiche preferisco l'educazione fisica e la matematica.

Ciao, mi chiamo Carla. Le mie materie preferite sono la musica e l'educazione artistica, la grammatica, l'educazione tecnica e la storia. Tra queste, quelle che mi piacciono di più sono educazione artistica e storia. A me andare a scuola piace tanto e ci vado contenta. Infatti, non mi piace quando ci sono giorni di vacanza perché mi annoio; invece a scuola mi diverto perché vedo le mie amiche.

Completa le frasi.

1 Riccardo preferisce
_____

2 Andrea preferisce
_____

3 Le materie che piacciono di più a Carla sono
_____

4 A Carla non piacciono
_____

5 Carla preferisce essere a scuola perché
_____

5.3 Nel futuro

1 Leggi! Progetti extracurricolari.

Nella nostra scuola, oltre alle discipline ci sono altre attività, ad esempio il progetto *Chi siamo?*, che consiste nel parlare via Internet della nostra scuola e dove viviamo. Poi, fuori della scuola, ci sono altre lezioni, ad esempio attività sportive e catechismo in chiesa. A me piacciono le attività sportive. Possiamo scegliere tra l'hockey il lunedì, il basket il martedì, la pallavolo il mercoledì e il giovedì c'è il giornalino. La professoressa di informatica sta mettendo in piedi la redazione di un giornalino.

Rispondi alle domande.
1 Spiega il progetto *Chi siamo?* _____
2 Dove fanno i corsi di catechismo? _____
3 Quali attività sportive offrono? _____
4 Chi sta facendo il giornalino? _____

2 Ascolta! Corsi serali.
Trova i 5 corsi che si possono fare nell'istituto.

- lingua spagnola
- lingua russa
- lingua cinese
- radioamatori
- difesa personale
- corso di ballo
- storia locale
- patente europea del computer

3 Leggi! Non vedo l'ora …

Ciao, sono Laura e vorrei diventare famosa. Questa ispirazione mi è nata da quando sento la musica. Mi metto a cantare immediatamente. È più forte di me! La musica fa parte della mia vita!

Sono Catia. Per l'immediato futuro, ho intenzione di andare all'università e studiare le scienze.

Salve, mi chiamo Luigi. Io non so il perché, ma vorrei fare il giro del mondo in cento ore. So che lo voglio fare e basta!

Sono Michele. Spero di trovare un lavoro che mi permette di viaggiare. Vorrei fare un giro del mondo, ma al momento non ho i soldi!

Mi chiamo Ciro e ho intenzione di andare in America, perché mi piace guardare i vecchi film americani!.

Mi chiamo Donato e non vedo l'ora di finire la scuola e di andare a lavorare. Odio studiare!

Completa le frasi, scegliendo le parole adatte.
Attenzione! Ci sono più parole che risposte!

1 Laura vuole diventare _____
2 Luigi vorrebbe _____
3 Ciro ha intenzione di andare _____
4 Catia vuole continuare a _____
5 Michele spera di trovare _____
6 Donato vuole andare a _____

America	negli Stati Uniti
cantante	studiare
i film americani	università
lavorare	un lavoro
musica	viaggiare

34

6 Il viaggio

6.1 Viaggiare in treno o in autobus

1 ✏ **Scrivi! Alla stazione ferroviaria.**

Completa queste frasi con una parola/espressione adatta scelta dal riquadro.

- ▶ A che ora _____ il prossimo treno _____ Napoli?
- ▷ Alle dieci e _____.
- ▶ E _____ arriva?
- ▷ Alle tredici e quindici.
- ▶ Bisogna _____?
- ▷ No, è _____.
- ▶ Un'andata e _____ per favore, seconda _____.
- ▷ Sono settanta _____.
- ▶ Da quale _____ parte?
- ▷ Dal binario sette.

| binario |
| cambiare |
| parte |
| classe |
| ritorno |
| euro |
| trentacinque |
| a che ora |
| diretto |
| per |

2 ✏ **Alla fermata dell'autobus.**

Completa il dialogo con le frasi scelte dal riquadro.

1 Mi scusi, questo autobus va alla stazione? ☐
2 E dov'è la fermata? ☐
3 Ogni quanto parte? ☐
4 Sa a che ora parte il prossimo autobus? ☐
5 Quanto ci vuole per arrivare alla stazione? ☐
6 Dove posso comprare un biglietto? ☐
7 Grazie dell'aiuto. ☐

A Ogni mezza'ora penso.
B A quest'ora, solo dieci minuti perché non c'è molto traffico.
C È lì, di fronte alla banca.
D No, bisogna prendere il sei o il nove.
E In tabaccheria accanto alla banca.
F Prego.
G Mi dispiace, ma non lo so.

3 🎧 **Ascolta! Partire in viaggio!**

Ascolta le conversazioni e completa la tabella, come nell'esempio.

A	A+R	Destinazione	Partenza	Binario	Prezzo
	✓	Venezia	7.25	3	32 euro

35

6.2 Chiedere e dare indicazioni stradali

1 Leggi! Ecco le indicazioni stradali.

Leggi il biglietto di Anna e scrivi il posto che rappresenta ogni lettera. Attenzione! Due lettere non rappresentano posti menzionati.

> Ciao Enrico,
>
> sono contento che tu possa venire alla pizzeria con noi stasera. Non è lontano dalla stazione. Ci vogliono circa dieci minuti a piedi. Ecco le indicazioni. Quando esci dalla stazione vai dritto fino al semaforo. Lì all'angolo c'è un bar. Non mi ricordo come si chiama. Gira a destra e continua lungo via Garibaldi. Sulla sinistra passi davanti al museo e accanto al museo c'è una banca. Prendi la seconda strada a sinistra, vedrai un grande supermercato subito sulla destra. Cammina lungo questa strada per circa cento metri e la pizzeria è sulla sinistra dopo il teatro. Di fronte alla pizzeria c'è un ufficio postale e in fondo alla strada puoi vedere il centro sportivo. Allora ci vediamo stasera verso le sette e mezza. Se non riesci a trovare la pizzeria chiamami sul cellulare. Hai già il mio numero, vero?
>
> Anna

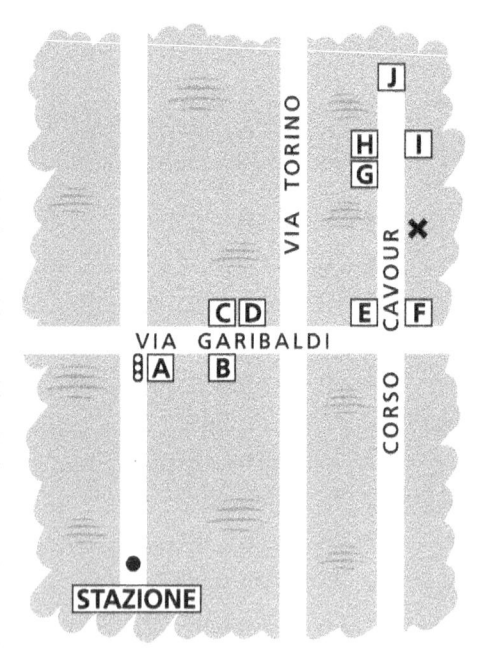

A _____   F _____
B _____   G _____
C _____   H _____
D _____   I _____
E _____   J _____

2 Leggi! Correzioni!

Le indicazioni per arrivare alla farmacia e all'ufficio turistico contengono errori. Riferendoti alla cartina sopra, correggi gli errori.

1 Allora per la farmacia, vada dritto fino al primo semaforo, poi giri a sinistra e la farmacia è sulla sinistra. Di fronte alla farmacia c'è un museo.

2 Per l'ufficio turistico vada dritto fino al primo semaforo, giri a destra e prenda la prima strada a sinistra e l'ufficio turistico è subito sulla destra, accanto al supermercato.

3 Scrivi! Invito ad una festa di compleanno.

Vuoi invitare un amico/un'amica alla tua festa di compleanno. Scrivi un biglietto su un foglio di carta e includi questi punti:

- Giorno e data della festa
- A che ora inizia
- Indicazioni per arrivare a casa tua dalla stazione (segnata con X sulla cartina sopra)

4a Scrivi! Consigli.

Completa le frasi con la seconda persona singolare (tu) dell'imperativo dei verbi tra parentesi.

Esempio: Compra la guida della città. (comprare)

1 _____ tutto con la carta di credito. (pagare)
2 _____ di leggere la storia del Duomo. (finire)
3 _____ l'autobus per andare in centro. (prendere)
4 _____ dall'autobus davanti al Duomo. (scendere)
5 _____ a destra dopo il semaforo. (girare)
6 _____ le indicazioni al poliziotto. (chiedere)
7 _____ la televisione. (guardare)
8 _____ la luce per favore. (accendere)

4b Metti i verbi dell'esercizio precedente alla seconda persona plurale (voi) dell'imperativo.

Esempio: Comprate la guida della città.

36

6 Il viaggio

5 Quale consiglio?
Per ogni problema scegli il consiglio migliore, come nell'esempio.

1 Voglio informazioni sugli alberghi.
2 Sono stanco morto.
3 Non voglio andare in macchina.
4 Non so dove si trova il municipio.
5 Non so a che ora parte il treno.
6 Mi fanno male gli occhi.
7 Ho sete.
8 Ho troppo caldo.
9 Ho bisogno di soldi per andare in vacanza.
10 La mattina non ho tempo di fare colazione.

A Smetti di leggere il giornale.
B Chiedi al signore.
C Vai all'ufficio turistico.
D Alzati più presto.
E Vai a riposarti.
F Togliti la giacca.
G Prendi l'autobus.
H Trova un lavoro.
I Telefona alla stazione.
J Bevi un po' di acqua minerale.

1	2	3	4	5	6	7	8	9	10
C									

6 Istruzioni sbagliate!
Riscrivi queste frasi con le istruzioni corrette.
Esempio: Alzati. Sono già le otto e mezza.

1 **Alzati.** le mani prima di mangiare.

2 Chiudi   Non è lontano.

3 Lavati   le foto delle vacanze.

4 Finisci   la televisione, per favore.

5 Non bere   qualcosa se hai fame.

6 Cammina.   la finestra. Ho freddo.

7 Accendi   un'aspirina se hai mal di testa.

8 Fammi vedere   l'alcol se devi guidare.

9 Mangia   i tuoi compiti prima di uscire.

10 Prendi   **Sono già le otto e mezza**.

7 Scrivi! Sì o no?
Trasforma queste frasi da negative a positive e viceversa, come negli esempi.
Esempi: Non mangiare la torta. ▶ Mangia la torta.
Vai dritto. ▶ Non andare dritto.

1 Bevi l'acqua.

2 Non telefonare all'albergo.

3 Fai una foto della chiesa.

4 Venite prima delle otto.

5 Stai a letto fino alle dieci.

6 Non mettere in ordine la tua camera.

7 Vendi il tuo dizionario italiano.

8 Scrivete a Marco.

9 Non pulire il bagno.

10 Dai il mio numero di cellulare a Daniela.

6.3 All'ufficio turistico

1 ✏️ **Qual è la tua opinione?**

Quante frasi puoi scrivere, usando **più** o **meno** per confrontare queste cose?
Esempi: Preferisco l'aereo perché è più veloce del treno.
Mi piace viaggiare in treno perché è più comodo e più interessante.
Secondo me, il treno è meno caro dell'aereo.

1 l'aereo/il treno _____
2 l'italiano/la matematica _____
3 il calcio/il cricket _____
4 la cucina italiana/la cucina inglese _____
5 stare in albergo/fare campeggio _____
6 scrivere una lettera/mandare un'e-mail _____
7 fare i compiti/guardare la televisione _____
8 mangiare frutta e verdura/mangiare cioccolatini e patatine _____

noioso	veloce
buono	caro
interessante	importante
sano	comodo
difficile	stressante
rilassante	saporito
buono	facile
utile	

2a 🎧 **Ascolta! Un confronto.**

Ascolta e completa la tabella, come nell'esempio.
Ricorda! + (più); − (meno); = (così … come).

Il pullman	+	lento
	−	caro
La macchina	+	comodo
L'albergo di Antonella		
L'albergo di Enrico		
La camera di Antonella		
La vista		
La zona dove sta Antonella		
La zona dove sta Enrico		
Il ristorante Volpe		
Il cibo		
Volterra		
San Gimignano		

2b Usa le informazioni nella tabella per scrivere delle frasi.

Esempio: Il pullman è più lento ma meno caro.

38

6 Il viaggio

3 Confrontiamoci!

Leggi le descrizioni di queste due persone e scrivi confronti, usando **più**, **meno** o **così ... come** e scegliendo gli aggettivi appropriati dal riquadro.

Giorgio ha diciassette anni ed è alto 1m e 70. Frequenta il liceo scientifico e studia molto a scuola e a casa ma purtroppo ha sempre voti molto bassi. Non vuole andare all'università. Quando finisce la scuola vuole trovare un lavoro in un negozio o in un bar. È un tipo molto sedentario. Poi non sta molto attento a quello che mangia. Gli piace molto il cioccolato, per non parlare di biscotti e patatine! È contento di stare a casa e guardare la televisione o suonare la chitarra. Non pratica sport. Esce poco e non ha molti amici.

Giulia ha sedici anni ed è alta 1m e 70. Frequenta il liceo classico e studia molto sia a scuola che a casa. Quando ha una prova scritta o orale ha sempre voti molto alti in tutte le materie. Finito il liceo classico, vuole andare all'università e dopo vorrebbe trovare un buon lavoro che paga bene. A parte gli studi pratica molto sport e le piace uscire con i suoi amici. Le piace molto fare nuovi amici e ha corrispondenti in Spagna, Francia e Inghilterra. Sta sempre attenta alla sua dieta e mangia molta frutta e verdura ogni giorno. Non beve mai l'alcol.

Esempi: Giulia è più sana di Giorgio. Giorgio è meno sano di Giulia.
Giulia è così alta come Giorgio.

_____
_____
_____
_____
_____
_____

socievole bravo sportivo vecchio alto diligente sano basso ambizioso giovane pigro

7 Turismo
7.1 Il tipo di vacanza

1 Quale preposizione?

Scegli la preposizione corretta: **per, da, in, a**.

1 A Pasqua vado __ Firenze __ una settimana.
2 Ho intenzione di andare anche __ Siena. Siena non è lontano __ Firenze.
3 Non vedo l'ora di andare perché non sono mai stato __ Italia.
4 Mi piace molto viaggiare. L'estate scorsa, __ luglio sono andato a trovare un'amica che abita __ Parigi __ Francia. Ma, a dire la verità, non ho viaggiato molto __ Europa.

2 Spiegazioni!

Abbina le frasi. Scrivi le lettere nelle caselle.

1 Di solito durante le vacanze vado al mare perché …
2 La mia amica preferisce passare le vacanze in campagna perché …
3 Generalmente preferisco andare in vacanza durante l'inverno perché …
4 Normalmente i miei parenti preferiscono andare in un villaggio turistico perché …
5 Quest'estate ho intenzione di fare campeggio perché …
6 Ogni tanto sto a casa durante le vacanze perché …
7 I nostri amici preferiscono una vacanza culturale perché …

A costa meno che stare in albergo.
B mi piace molto sciare.
C gli piace vedere i monumenti di interesse storico e visitare chiese, musei e castelli.
D mi piace prendere il sole e fare il bagno.
E hanno due figli e per loro c'è sempre qualcosa da fare.
F le piace la tranquillità.
G ho bisogno di trovare un lavoro e guadagnare dei soldi.

1	2	3	4	5	6	7
D						

3 Ascolta! I progetti di Giulia e Francesco.

Completa la tabella.

	Giulia	Francesco
Dove		
Per quanto tempo		
Quando		
Con chi		
Mezzo di trasporto		
Attività		
Alloggio		

4 I miei progetti.

Quali progetti hai per le future vacanze a Natale, a Pasqua, e d'estate? Scrivi delle frasi su un foglio di carta come nell'esempio.

Esempio: Quest'estate ho intenzione di passare due settimane al mare perché mi piacciono molto gli sport acquatici, soprattutto il windsurf e la vela.

5 Fare domande.

Completa ogni frase con la parola/espressione interrogativa adatta scelta dal riquadro.

1 ▶ _____ viene al mare domani?
   ▷ Daniela, Stefano ed altri.
2 ▶ _____ costa la guida della città?
3 ▷ _____ facciamo stasera?
4 ▶ _____ vanno in vacanza?
   ▷ In Grecia, come al solito.
5 ▶ _____ parte l'aereo?
   ▷ Alle 18.30.
6 ▶ _____ non vuoi andare al cinema?
   ▷ Stasera preferisco stare a casa.
7 ▶ _____ vai a sciare?
   ▷ Con Alberto.
8 ▶ _____ preferisci andare, in treno o in macchina?
9 ▶ _____ è il suo compleanno?
   ▷ Il 14 marzo.
10 ▶ _____ viene la tua amica?
   ▷ Dall'Australia.

| a che ora |
| quando |
| perché |
| chi |
| da dove |
| come |
| quanto |
| dove |
| che cosa |
| con chi |

7.2 Una vacanza recente

1 Il compleanno di Daniela.

Completa le frasi con la forma corretta di **avere** o **essere**.

Mi chiamo Daniela e <u>sono</u> nata diciotto anni fa. Sabato scorso _____ compiuto diciotto anni e i miei genitori _____ organizzato una festa a casa e _____ invitato molti parenti, amici e compagni di scuola. Io non _____ dovuto fare niente. I miei genitori _____ fatto tutto e quindi per me _____ stata una serata molto bella. Alcuni amici _____ venuti anche dalla Francia. (Io) _____ ricevuto tanti regali. I miei genitori mi _____ comprato un computer e mio fratello, Stefano, mi _____ dato una bella maglia. I nostri vicini _____ aiutato a preparare il cibo e noi tutti _____ mangiato e bevuto troppo. Verso le sette, io ed alcuni amici _____ usciti a fare una passeggiata, altri _____ rimasti a casa a lavare i piatti e rimettere tutto in ordine. Quando (noi) _____ tornati a casa, (io) _____ andata subito letto. Che bel compleanno, però! Mi _____ piaciuto tanto. Tutti mi _____ detto che si _____ divertiti. Quella notte molti amici _____ dormito per terra nel soggiorno e _____ partiti la mattina seguente, dopo la colazione.

2 Scrivi! Come hai festeggiato tu?

Che cosa hai fatto tu per festeggiare il tuo ultimo compleanno? Prima di scrivere, rileggi il resoconto di Daniela. Rispondi a queste domande.

- In che anno sei nato/a?
- Quanti anni hai compiuto quest'anno?
- Dove hai festeggiato il tuo compleanno?
- Hai organizzato tu una festa?
- Chi hai invitato/chi è venuto?
- Che cosa hai ricevuto come regali?
- Che cosa hai fatto quel giorno?

3 Che storia!

Completa le frasi con la forma corretta del participio passato, come nell'esempio.

▶ A settembre ho **ricevuto** (ricevere) molti soldi per il mio compleanno. Allora ho _____ (passare) due settimane a Roma.
▷ Che bello! Hai _____ (visitare) il Vaticano?
▶ Certo! Ho _____ (vedere) la Cappella Sistina ed ho _____ (leggere) la guida dall'inizio alla fine.
▷ Bravo! Hai _____ (scrivere) delle cartoline?
▶ Almeno cinquanta.
▷ Sei _____ (andare) a Roma da solo?
▶ No, sono _____ (venire) due miei amici ma sono _____ (rimanere) per tre giorni e poi sono _____ (partire) per Firenze.
▷ Come hai _____ (viaggiare) a Roma?
▶ In treno, il viaggio mi è _____ (piacere).
▷ Perché non hai _____ (prendere) l'aereo?
▶ Preferisco il treno. Non mi sono mai _____ (annoiare) perché durante il viaggio ho _____ (fare) la conoscenza di tanti altri giovani. Ho _____ (incontrare) una ragazza molto bella. Purtroppo è _____ (scendere) a Bologna. Mi ha _____ (dare) il suo indirizzo e ho _____ (dire) che le scriverò.
▷ Quando sei _____ (tornare) a casa?
▶ Sono _____ (arrivare) a casa una settimana fa.
▷ Ti è _____ (succedere) qualcos'altro di interessante?
▶ Sì, ho _____ (vincere) cento milioni di euro alla Lotteria!

▷ Stefano, ti sei _____ (alzare)?

Piano, piano ho _____ (aprire) gli occhi e ho _____ (guardare) la sveglia. Otto e dieci. Che sogno! Ancora mezzo addormentato mi sono _____ (alzare) dal letto, mi sono _____ (vestire) e sono _____ (entrare) in bagno a fare la doccia!

7.2 Una vacanza recente

4 La vacanza di Alessandra.

Leggi il brano e rispondi alle domande in italiano su un foglio di carta.

Quest'anno ho organizzato uno scambio con un liceo linguistico e durante le vacanze di Pasqua ho accompagnato un gruppo di dodici studenti a Torino in Italia. Abbiamo viaggiato in aereo e ci siamo fermati per dieci giorni. Durante il soggiorno gli studenti hanno frequentato delle lezioni d'italiano ma la scuola ha anche organizzato un programma di visite. Un giorno abbiamo visitato il museo egizio, che era molto interessante, un altro giorno abbiamo fatto una gita in montagna, poi siamo andati al Duomo e naturalmente abbiamo girato per i negozi. I miei studenti si sono divertiti tanto. Per loro è stata un'esperienza indimenticabile e molto utile perché hanno parlato tanto in italiano. Le famiglie che ci hanno ospitato erano molto gentili. Purtroppo il tempo era proprio terribile.

1 Con quale tipo di scuola ha organizzato lo scambio?
2 Quando è andata Alessandra?
3 Quanti studenti ha accompagnato?
4 Dove è andata esattamente?
5 Come hanno viaggiato?
6 Quanto tempo si sono fermati?
7 Che cosa hanno fatto durante il soggiorno? Scrivi tre attività.
8 Perché è stata un'esperienza molto utile per gli studenti?
9 Chi ha ospitato gli studenti?

5 Ascolta! Ancora dei viaggi!

a) Ascolta il primo dialogo. Segna con ✓ le affermazioni corrette e correggi quelle sbagliate.

1 Elena è andata in Francia per due settimane. ☐
2 Ha passato dieci giorni a Parigi. ☐
3 È andata anche al mare. ☐
4 È la prima volta che ha visitato Parigi. ☐
5 È andata con un amico. ☐
6 Ha viaggiato in pullman. ☐
7 La vacanza è piaciuta a Elena. ☐

b) Ascolta il secondo dialogo e completa il brano.

Durante le vacanze Roberto _____ in Sicilia. _____ alla fine di agosto. _____ in Sicilia per tre settimane. All'aeroporto, _____ una macchina e _____ un giro dell'isola.

c) Ascolta il terzo dialogo e rispondi alle domande.

1 Dove sono andati esattamente i genitori di Roberto?
2 Quanto tempo si sono fermati?
3 Chi sono andati a trovare?
4 Da quanto tempo abita lì?
5 Perché è andato a vivere in questo Paese?
6 Che altro hanno fatto i genitori durante il loro soggiorno?
7 Come sappiamo che la visita è piaciuta ai genitori?

6 ✏ Ultimamente!

Scrivi su un foglio di carta una lista di dieci cose che hai fatto nell'ultimo anno. Poi scrivi quando hai fatto queste cose, scegliendo un'espressione dal riquadro.

Esempi: Una settimana fa sono andato al cinema e ho visto un film dell'orrore.

Sabato scorso sono rimasto a casa e ho studiato tutto il giorno.

a giugno	a Natale
a Pasqua	ieri sera
sabato scorso	domenica scorsa
il mese scorso	in primavera
una settimana fa	l'altro ieri
due mesi fa	durante le vacanze estive

7 Un giorno nella vita di una gatta!

Metti tutti i verbi tra parentesi al passato prossimo, come nell'esempio.

Io mi chiamo Topsi, abito a Sesto Fiorentino e sono la gatta di Daniela. Ti voglio raccontare un giorno nella mia vita. Sabato scorso **mi sono alzata** (alzarsi) alle otto e mezza, molto tardi per me, perché di solito mi alzo alle sette. La ragione: venerdì sera _____ (andare) alla festa di compleanno della mia amica Sofia, che _____ (compiere) tre anni, e _____ (tornare) a casa a mezzanotte. Dopo essermi alzata, _____ (lavarsi) e poi _____ (fare) colazione. _____ (mangiare) dei biscotti e _____ (bere) il latte freddo. Alle nove, _____ (uscire) a fare una passeggiata nel giardino di fronte a casa mia. _____ (tornare) dopo una mezz'ora, _____ (sedersi) sulla panchina davanti a casa e _____ (osservare) gli uccelli che cantavano ad alta voce e quattro topi che giocavano a pallavolo. Un'ora più tardi, _____ (entrare) in casa, _____ (pranzare) e poi _____ (guardare) i cartoni animati alla televisione, Topolino, naturalmente!

Di pomeriggio _____ (riposarsi). Alle sei, Sofia mi _____ (chiamare) sul cellulare e mi _____ (invitare) al cinema a vedere Il Gattopardo. Io _____ (dire), "Sofia, noi _____ (vedere) questo film ben cinque volte". Alla fine, io _____ (rimanere) a casa, _____ (leggere) la rivista degli animali, _____ (cenare) alle otto e subito dopo _____ (addormentarsi) sul divano.

8 Un giorno della settimana scorsa.

Descrivi un giorno della settimana scorsa. Scrivi fra **50** e **70** parole. Puoi usare queste immagini se vuoi.

_____
_____
_____
_____
_____
_____
_____
_____
_____

7.3 Che tempo fa?

1 Cosa facevano?

Metti i verbi tra parentesi all'imperfetto, come nell'esempio.

Quando sono arrivato a casa, i miei genitori **guardavano** (guardare) la televisione, i miei cugini _____ (ascoltare) la musica rap in camera, mia sorella _____ (leggere) un romanzo, mia nonna _____ (dormire) in giardino, i miei zii _____ (prendere) il sole ed _____ (essere) rossi come dei gamberi, mio fratello _____ (fare) i suoi compiti, mio nonno _____ (bere) un bicchiere di vino e i tre cani _____ (giocare) con una palla in cucina che _____ (essere) tutta sottosopra. Sono uscito subito a fare una lunga passeggiata!

2 Una decisione da prendere.

Imperfetto o passato prossimo? Scegli la forma corretta.

1 Ieri sera siamo usciti/uscivamo.
2 Sabato sera leggevo/ho letto un bellissimo libro.
3 Quando mia sorella era/è stata piccola, ha avuto/aveva i capelli biondi e ha portato/portava gli occhiali.
4 Quando sono stato/ero più giovane, mi è piaciuto/piaceva suonare la chitarra ma smettevo/ho smesso quando ho cominciato/cominciavo a lavorare.
5 Ogni mattina, mio cugino si è alzato/si alzava alle sei per andare a lavorare. Ha fatto/faceva il cuoco in un albergo del centro e tornava/è tornato a casa sempre tardi. Poi la paga non è stata/era molto buona. Il mese scorso cambiava/ha cambiato lavoro.
6 Quando partivamo/siamo partiti, ha fatto/faceva freddo e pioveva/è piovuto a catinelle.
7 Mentre io ho fatto/facevo i miei compiti, mio fratello ha navigato/navigava in Internet.
8 Ho dato/davo il mio indirizzo e-mail al ragazzo italiano che incontravo/ho incontrato al mare e lui prometteva/ha promesso di scrivermi.
9 Ieri Marco lavorava/ha lavorato dalle otto alle sei.
10 Da quando ho finito/finivo la scuola secondaria, non studiavo/ho studiato più le lingue.

3 Una persona curiosa!

Volgi al passato prossimo il verbo della domanda e all'imperfetto quello della risposta.

Esempio: ▶ Perché **hai comprato** un dizionario nuovo? (comprare)
▷ Perché l'altro **era** troppo piccolo. (essere)

▶ Mario, perché _____ (andare) a vivere in campagna?
▷ Perché _____ (volere) essere più vicino ai miei genitori.
▶ Perché non _____ (venire) alla classe d'italiano ieri sera?
▷ Perché non _____ (sentirsi) bene.
▶ Perché non _____ (fare) i compiti per oggi?
▷ _____ (essere) troppo difficili.
▶ Perché non _____ (accettare) l'invito alla festa di compleanno di Leonardo?
▷ Perché non _____ (avere) voglia di uscire. _____ (piovere) a catinelle e _____ (fare) un freddo da morire.
▶ Silvia, perché _____ (addormentarsi) durante il film?
▷ Perché _____ (essere) stanca morta.
▶ Perché non _____ (mangiare) nulla stamattina?
▷ Non _____ (avere) fame.
▶ Perché non ti _____ (piacere) il documentario?
▷ Perché _____ (contenere) troppe scene di violenza.
▶ Perché non _____ (partecipare) alla gita scolastica?
▷ Perché _____ (dovere) alzarmi alle sei di mattina. Il pullman _____ (partire) alle sette precise e _____ (tornare) a mezzanotte. A dire la verità non mi _____ (andare) l'idea.

4 Quando ero più giovane!

Scrivi delle frasi su un foglio per spiegare cosa facevi tu quando eri più giovane.

Esempio:

Quando ero più giovane mi alzavo sempre tardi la mattina e non facevo mai colazione. Mi piaceva suonare la chitarra, di pomeriggio giocavo a calcio o andavo in piscina e alla sera uscivo con i miei amici ...

8 Alloggio
8.1 In albergo

1 Chiedere informazioni.
Completa queste frasi con una parola appropriata scelta dal riquadro.

frigobar	televisore	piantina
chiamo	supplemento	chiave
terzo	quanto	euro
compresa	ascensore	parcheggio

1 ▶ _____ costa la camera?
  ▷ Centoventi _____ .
2 ▶ La colazione è _____?
  ▷ No, bisogna pagare un _____ di otto euro.
3 ▶ La sua camera è al _____ piano. Ecco la _____ .
  ▷ C'è l'_____?
  ▶ Sì, è lì a destra.
4 ▷ Dove posso lasciare la macchina?
  ▶ Il _____ è dietro l'albergo.
5 ▷ _____ dalla camera 35.
  ▶ Sì, dica.
  ▷ Il _____ non funziona e il _____ è vuoto.
6 ▶ Ha una _____ della città?
  ▷ Certo, ecco signore.

2 Pronto! Desidera?
Scrivi delle frasi, come nell'esempio.

Esempio: Vorrei una camera singola, con doccia, per tre notti, dal ventidue al ventiquattro marzo.

22/3–24/3 🛏 🚿 🌙 (x3)

1 9/7–13/7 🛏 🛁 🌙 (x5)

2 18/8–24/8 🛏🛏 🚿 🌙 (x7)

3 1/6–3/6 🛏 🛁 🌙 (x3)

4 11/4–20/4 🛏🛏 🚿 🌙 (x10)

3 Momento di riflessione!
Forma delle frasi, come nell'esempio.

Vorrei	è	la camera con bagno?
C'è	può mandare	al sesto piano.
La colazione	costa	una camera per stasera.
La sua camera	un parcheggio	una lettera?
Quanto	prenotare	nel prezzo.
Per la conferma	non è inclusa	di fronte all'albergo.

4 Un dialogo.
Completa il dialogo con le frasi dell'impiegato dell'albergo.

_____

Buona sera. Ha una camera libera per favore?

_____

Per cinque notti, dall'otto al dodici luglio.

_____

Una camera doppia.

_____

No, con doccia se possibile.

_____

Albertelli. Quanto costa la camera?

_____

È inclusa la colazione?

_____

L'albergo è vicino alla stazione?

_____

- Va bene signora. È a nome di ...?
- Con bagno?
- No, è in centro ma se prende l'autobus numero quindici, questo si ferma davanti all'albergo.
- Che tipo di camera desidera?
- Buona sera, Albergo Mediterraneo. Mi dica.
- Centoventi euro per notte.
- Per quando?
- No, bisogna pagare un supplemento di sette euro.

8.2 In campeggio

1 🎧 Ascolta! C'è ancora posto?
Ascolta le conversazioni e completa la tabella.

	Tenda?	Persone	Notti	Prezzo	Servizi
1	tenda	3: due adulti e un bambino	1	34 euro	ristorante
2					
3					
4					
5					

2 Aumentiamo il vocabolario!
Completa la tabella, come nell'esempio.

Verbo	Sostantivo
soggiornare	**soggiorno**
noleggiare	
	prenotazione
parcheggiare	
	telefono
leggere	
giocare	

3 Verbo o sostantivo?
Completa queste frasi usando un verbo o sostantivo della tabella sopra.

1 All'ostello, sono sicuro che è possibile _____ una bicicletta.
2 L'ostello offre un _____ tranquillo perché è situato in mezzo alla campagna.
3 Dove c'è un _____? Voglio chiamare Roberta per dire che siamo arrivati.
4 È difficile _____ la macchina in centro. È meglio lasciarla qui e andare a piedi.
5 Devo confermare la _____ della camera. Posso mandare un'email o una lettera.
6 Il campeggio ha un campo da tennis. Dopo cena, andiamo a _____ .
7 Voglio leggere il mio giornale in pace allora vado alla sala _____ .

4 Ancora una scelta da fare!
Completa queste frasi con la forma corretta di un aggettivo appropriato scelto dal riquadro.

| storico | piccolo | tranquillo | freddo |
| comune | gratuito | vicino | |

1 Non è lontano dal centro. È molto _____ .
2 La doccia non è calda, è _____ .
3 Il nostro è un _____ gruppo. Non è numeroso.
4 La parte vecchia di una città si chiama il centro _____ .
5 Se vuoi usare il punto Internet per mandare un'e-mail, non devi pagare niente. È _____ .
6 Questa è una cucina _____ perché tutti i campeggiatori la possono usare.
7 La zona in cui è situato l'ostello non è rumorosa. Infatti è una zona molto _____ .

5 Ripassiamo il passato prossimo!
Volgi al passato prossimo i verbi in neretto.
Esempio: Mi piace molto la prima colazione.
▶ **Mi è piaciuta** molto la prima colazione.

1 **Prenoto** il campeggio al telefono.
_____

2 **Scrivo** una lettera di conferma.
_____

3 Durante il soggiorno **ho** molti problemi.
_____

4 Il primo giorno non **posso** guardare la televisione.
_____

5 **Dormo** male a causa del rumore.
_____

6 **Prendo** un'aspirina per il mal di testa.
_____

8 Alloggio

6 Definizioni.

Abbina la parola alla sua 'definizione'. Scegli la parola appropriata dal riquadro.

| la lavatrice | l'asciugatrice | il congelatore | la lavanderia | l'infermeria | il frigo(rifero) |

1 Vado qui se non voglio fare il bucato a casa. _____
2 Se non sto bene forse devo stare qui per alcuni giorni. _____
3 Per tenere fresco il cibo uso questo apparecchio domestico. _____
4 Questo è un apparecchio domestico in cui lavo i vestiti. _____
5 Uso quest'apparecchio se voglio conservare per più tempo un alimento, per esempio gelato o carne. _____
6 Questo apparecchio è utile se si deve asciugare il bucato. _____

7 Scrivi un'e-mail.

Completa quest'e-mail che Marco ha mandato ai suoi amici australiani.
Prima di cominciare, rileggi il testo sull'ostello a pagina 75 nel libro dello studente. Qui sotto sono alcuni punti che puoi includere:

- la posizione dell'ostello
- alcuni servizi importanti
- le stanze
- le lingue

Amici Chat

Cari amici,
ieri sera ho navigato in Internet e ho trovato informazioni sui campeggi e ostelli a Firenze.
So che vi piace fare campeggio ma, secondo me, sarebbe meglio stare nell'Ostello Sogni d'Oro.
Per voi è il posto ideale …

_____
_____
_____
_____
_____

8.3 Fare un reclamo

1 Qual è il contrario?
Scrivi il contrario della parola o espressione in neretto, come nell'esempio.

Esempio: L'acqua è **fredda**. ▶ L'acqua è **calda**.

1 Non posso **aprire** la finestra. _____
2 L'ascensore è **guasto**. _____
3 **Ci sono** gli asciugamani. _____
4 Il frigobar è **pieno**. _____
5 La camera è **pulita**. _____
6 Una camera **con** balcone. _____
7 Il portiere dell'albergo è **scortese**. _____
8 **Manca** il portacenere. _____

2 Quanti problemi!
Volgi i verbi tra parentesi all'imperfetto, come nell'esempio.

Quest'estate mia sorella ha fatto campeggio per la prima e forse l'ultima volta. Che disastro! Il campeggio **si trovava** (trovarsi) a 15 km dal centro e siccome (lei) non _____ (avere) la macchina, _____ (dovere) prendere l'autobus che _____ (partire) ogni ora dal campeggio. Con il traffico ci _____ (volere) circa 50 minuti per arrivare in città. Nel campeggio _____ (mancare) le attività per i bambini. Non _____ (potere) nemmeno guardare i cartoni animati perché il televisore non _____ (funzionare). La piscina _____ (essere) molto piccola e i campi da tennis _____ (essere) chiusi per restauro. Ancora una cosa per finire, _____ (fare) brutto tempo!

3 Completiamo il senso!
Abbina le due parti delle frasi, come nell'esempio.

1 Non trovo le cartoline …
2 Il signore …
3 Secondo me la zona …
4 Non sappiamo la ragione … ⟶ C
5 Non è molto divertente il film …
6 Qual è l'autobus …
7 Non trovo sulla cartina l'albergo …
8 Questa è la banca …

A in cui abbiamo cambiato i soldi.
B che vanno a vedere stasera.
C per cui non vogliono stare nello stesso albergo.
D con cui parla mio marito è il proprietario del campeggio.
E che ci ha consigliato la signora.
F in cui si trova l'ostello non è molto bella.
G che ho comprato stamattina in città.
H che dobbiamo prendere per arrivare al campeggio?

4 🎧 Ascolta! Ancora un problema!
Ascolta e completa le frasi. Scrivi il numero della camera e il problema.

1 Camera _____ Il signore non può _____ .
2 Camera _____ Nel bagno mancano _____ .
3 Camera _____ L'asciugacapelli _____ .
4 Camera _____ Il signore ha prenotato _____ .
5 Camera _____ La signorina non riesce a spegnere _____ .
6 Camera _____ Il signore ha chiesto _____ .

8 Alloggio

5 Un po' di lettura!

Indica se le affermazioni sono V (vere), F (false) o ? (se non sono indicate).

Il Campeggio Monteverdi è situato a soli diciotto chilometri da Firenze in una splendida valle. Per i campeggiatori che desiderano avere un soggiorno piacevole e tranquillo, circondato dal verde, questo è un posto ideale. La posizione del campeggio offre la possibilità di vedere l'incantevole campagna toscana, così famosa per le sue splendide ville, i castelli e i vigneti. Inoltre, la nostra clientela ha la possibilità di visitare Firenze, una delle città più belle e più ricche d'opere d'arte del mondo. Non c'è da preoccuparsi per chi non vuole andare a Firenze in macchina. Ogni mezz'ora, c'è un autobus che porta direttamente dal campeggio al centro di Firenze, oppure a tre chilometri dal campeggio c'è un comodo servizio ferroviario.

Per quanto riguarda i servizi all'interno del campeggio, si trovano spaghetteria, bar, minimarket, sala TV, spazio giochi per bambini, campi da tennis, docce calde gratuite, lavanderia e infermeria. Si affittano chalet, che sono ideali per famiglie fino a sei persone. Sono composti da un ampio soggiorno con cucinotto, due camere matrimoniali, bagno con doccia ed una confortevole veranda.

1 Questo campeggio è molto vicino a Firenze. ☐
2 È un posto ideale per chi vuole una vacanza rilassante. ☐
3 Questo campeggio non è caro. ☐
4 In questa zona c'è poco d'interessante da vedere. ☐
5 Non è possibile andare a Firenze in macchina. ☐
6 Dal campeggio c'è un autobus che parte ogni trenta minuti. ☐
7 A parte l'autobus non ci sono altri mezzi pubblici di trasporto. ☐
8 Il minimarket resta aperto fino alle dieci di sera. ☐
9 Non ci sono attività per bambini. ☐
10 Non bisogna pagare per fare la doccia. ☐
11 All'interno del campeggio non ci sono servizi per lavare i vestiti. ☐
12 Affittare uno chalet è ideale per una famiglia di cinque persone. ☐

6 Una lettera.

Immagina di aver soggiornato in questo campeggio. Scrivi una lettera o un'email a un amico/un'amica nella quale descrivi la vacanza. Non dimenticare di includere questi punti:

- Periodo dell'anno
- Durata del soggiorno
- Con chi?
- Descrizione e opinione della zona
- Vantaggi di questo campeggio
- Svantaggi/problemi?
- Visite
- Mezzo di trasporto

9 Le attività
9.1 Al bar

1 Leggi! Sesto Fiorentino.

Sesto Fiorentino è situata in una posizione strategica tra Firenze e Prato ed ha una popolazione di più di 47 mila abitanti. L'antica Via Cassia ha visto insediamenti etruschi ed anche preistorici. Del periodo etrusco restano due tombe in condizioni perfette, la Tomba della Mula e la Tomba della Montagnola.

Il simbolo di Sesto è il compasso, cioè le 'seste'. L'origine è antica e si può vedere il simbolo in un affresco del XIV secolo.

Rispondi alle domande.
1 Dove si trova Sesto Fiorentino? _____
2 In quale via si trovano insediamenti preistorici? _____
3 Quali resti rimangono del periodo etrusco? _____
4 Qual è il simbolo di Sesto Fiorentino? _____
5 Dove si può vedere questo simbolo antico? _____

2 Scrivi! Le bibite e le bevande.
Abbina le bibite e bevande con gli aggettivi corrispondenti, come nell'esempio.

acqua minerale	birra	caffè	tè	vino
				bianco

~~bianco~~	al latte	gassata	lungo	non gassata
alla spina	di marca	in bottiglia	secco	rosso
corretto	dolce	locale	macchiato	al limone

3 🎧 Ascolta! Cosa prendono?
Scrivi cosa ordinano queste quattro persone.

1 _____
2 _____
3 _____
4 _____

50

9.2 Amici riuniti

9 Le attività

1 Leggi! Ristorante Luigi.

Ristorante Luigi

Il Ristorante Luigi, con il suo gran giardino, è situato in una posizione panoramica. Il ristorante è diventato un luogo d'incontro per i buongustai e gli amanti del vino di tutta la Toscana. Luigi offre una grande selezione di piatti di carne e pesce. La tradizione toscana è evidente in quasi tutti i piatti. La carta dei vini elenca quasi centocinquanta etichette, non solo i classici vini toscani, ma anche i migliori vini delle altre regioni italiane.
Al Ristorante Luigi è anche possibile ascoltare dell'ottima musica classica.

Carte di Credito tutte
Chiusura settimanale martedì
Chiusura per ferie dal 1º agosto al 15 agosto

Indica se queste affermazioni sono V (vere), F (false) o ? (se non sono indicate).
Correggi quelle false.

1 Il Ristorante Luigi non ha giardino.
2 Il ristorante si trova in un luogo panoramico.
3 Il ristorante è al secondo piano.
4 Il ristorante offre molti piatti diversi.
5 La tradizione bolognese è evidente in quasi tutti i piatti.
6 La carta elenca vini di tutte le regioni d'Italia.
7 La carta dei vini elenca quasi cinquanta etichette.
8 Al Ristorante Luigi si può ascoltare della musica.
9 Il ristorante rimane sempre aperto.
10 Il ristorante accetta la maggior parte delle carte di credito.

2 🎧 Ascolta! Una prenotazione.
Completa la tabella.

Giorno	
Numero di persone	
Ora	
Nome	
Dove	

9.2 Amici riuniti

3 Quante domande!

Sostituisci le parole sottolineate con un pronome adatto: **lo, la, li, le**.

Esempio: ▷ Quando prenoti il tavolo al ristorante?
▶ **Lo** prenoto stasera.

1 ▷ Perché non inviti i nostri vicini?
▶ Non _____ invito perché sono andati in vacanza.

2 ▷ Perché mangi il pane adesso?
▶ _____ mangio perché ho fame.

3 ▷ Perché non chiami la cameriera?
▶ _____ chiamo quando ho finito di guardare il menù.

4 ▷ Perché non prendi gli spaghetti se hai fame?
▶ Non _____ prendo perché preferisco la zuppa di verdure.

5 ▷ Perché non finisci le tue lasagne?
▶ Non _____ finisco perché nono sono buone.

6 ▷ Perché mangi la bistecca ben cotta quando ti piace poco cotta?
▶ _____ mangio ben cotta perché ho problemi con i denti.

7 ▷ Quando porta il caffè?
▶ _____ porta quando abbiamo finito di mangiare il dolce.

8 ▷ Perché non paghi il conto adesso?
▶ _____ pago quando la cameriera me lo porta.

9 ▷ Perché non lasci una mancia?
▶ Non _____ lascio perché il servizio è incluso.

10 ▷ Dove sono Marco e Daniela?
▶ Ecco _____ .

4 Quando?

Sostituisci le parole in neretto con **gli** o **le**.

Esempio: Scrivi **a Filippo**. ▶ **Gli** scrivo domani.

1 Telefonate **alla zia**. ___ telefoniamo stasera.
2 Rispondi **a Marco**. ___ rispondo subito.
3 Scrivete **ai parenti**. ___ scriviamo sabato.
4 Telefona **a Luisa e Sandro**. ___ telefono dopo cena.

5 In partenza. Quante cose da ricordare!

Completa le frasi con il pronome adatto e la forma corretta del participio passato.

Esempio: Allora, le valigie ___ ho fatt__ .
▶ Allora, le valigie **le** ho fatt**e**.

1 I passaporti _____ ho mess__ nella tua borsa.
2 Le camere in albergo _____ ho prenotat__ .
3 La macchina fotografica _____ ho dat__ a Claudio.
4 Le chiavi della casa _____ ho lasciat__ dai vicini.
5 I gatti _____ abbiamo portat__ al loro solito albergo di cinque stelle.
6 Il mio costume da bagno, tu _____ hai mess__ nella seconda valigia.
7 La guida di Roma _____ abbiamo dimenticat__ da nostro figlio.
8 Le tue venti paia di scarpe _____ ho vendut__ per pagare questa vacanza!

6 Una conversazione tra amici.

Completa la conversazione con un pronome adatto scelto dal riquadro.

| ti | lo | gli | la | vi | le | mi | ci | li |

▶ Da quanto tempo studi l'italiano, Cristina?
▷ _____ studio da tre anni.
▶ _____ piace?
▷ Sì _____ piace molto, è la mia materia preferita. Purtroppo non sono molto brava in matematica ma la mia amica Flavia _____ aiuta molto.
▶ Gli insegnanti _____ danno molti compiti?
▷ Tutti gli insegnanti _____ danno un sacco di compiti e io _____ faccio ogni sera prima di andare a letto. A volte studio fino a mezzanotte e se mi alzo tardi i miei genitori _____ portano a scuola in macchina.
▶ Vedi spesso la tua amica Mariella?
▷ Sì, _____ vedo sempre nel fine settimana. Quando sono a scuola lei _____ manda sempre messaggi SMS, ma non _____ posso rispondere perché il cellulare non _____ posso portare in classe e quindi _____ telefono quando le lezioni sono finite.
▶ E scrivi sempre al tuo corrispondente in Francia?
▷ Sì, _____ scrivo una volta al mese e anche _____ telefono ogni tanto.

9.3 Buon appetito!

1 Leggi il menù.

Ristorante Luigi

Antipasti		*Secondi piatti*		*Formaggi*	
Antipasto toscano	€12,91	Bistecca alla fiorentina	€17,64	Mozzarella di bufala	€9,29
Carpaccio di salmone e tonno	€14,97	Filetto di manzo	€22,22	Fantasia di formaggi italiani	€11,36
		Petto di pollo	€18,07		
Primi piatti		Trota al forno	€18,09	*Dolci*	
Spaghetti al pomodoro e basilico	€12,91	*Contorni*		Gelato	€10,00
Ravioli	€15,49	Insalata mista	€7,00	Biscottini di Prato	€13,36
Zuppa di verdure	€11,36	Patate arrosto	€5,16	Torta della nonna	€12,36
		Patate fritte	€5,16		
		Fagioli bianchi	€5,16		
		Piselli alla fiorentina	€5,16		

2 Cosa ordinano?

1 Angela preferisce la pasta al pomodoro e il pesce. Non le piace il formaggio ma adora i gelati.
_____

2 Nazzareno ha molta fame e per cominciare prende un antipasto tipico della regione, per primo una minestra, e per secondo il pollo. Gli piacciono molto i piselli. Adora tutti i formaggi e quindi decide di prenderne una selezione. Gli piacciono anche i dolci eccetto il gelato.
_____
_____

3 Giulietta non ha tanta fame. Prende solamente un secondo piatto ed un dolce. Le piace molto la carne, e oggi ha voglia di mangiare una bella bistecca. Prende anche un contorno ma non vuole né le patate né la verdura. C'è un dolce che le fa ricordare sempre la sua vecchia nonna.
_____
_____

3 Quant'è?

Scrivi il prezzo sotto l'immagine.

1	2	3	4	5
_____	_____	_____	_____	_____

9.3 Buon appetito!

4 🎧 **Ascolta! Al ristorante.**
Indica se queste affermazioni sono vere o false e correggi quelle false.

1 Il signore non prende l'antipasto. ☐ _____
2 Per primo, ordina i ravioli. ☐ _____
3 Per secondo, prende una bistecca ben cotta. ☐ _____
4 Prende un contorno di patate fritte e insalata mista. ☐ _____
5 Da bere, ordina il rosso della casa. ☐ _____
6 Ordina un litro di vino. ☐ _____
7 Vuole anche una bottiglia di acqua minerale gassata. ☐ _____
8 Per dolce, sceglie un gelato alla fragola. ☐ _____

5 Il conto non è giusto!
Controlla questo conto e scrivi la cifra giusta.

Ristorante Luigi

Antipasto toscano
Spaghetti al pomodoro e basilico
Bistecca alla fiorentina
Insalata mista
Gelato

Totale: €80,46

6 ✏️ **Alla riunione.**
Maurizio, giacca e cravatta, in cerca di nuove amicizie femminili, sceglie un complimento.

Ciao, sono Maurizio, Sagittario! Sono architetto, mi piacciono la bellezza e l'arte. Vivo in una villetta sul lago. Mi piace uscire in barca a vela la sera, con una bottiglia di champagne, gelato e due bicchieri. Uno per me e uno per chi sceglie di seguirmi! Sono un sognatore!

Hai dei bellissimi occhi azzurri, mi ricordano quelli di mia madre.

Davvero? Però ho gli occhi verdi!

Scrivi una descrizione di Maurizio.

Esempio: Si chiama Maurizio. È Sagittario. È architetto. Gli piacciono ...

_____
_____
_____
_____

Qual è la tua opinione di Maurizio?
_____
_____

10 Informazioni pratiche
10.1 Una gita a Firenze

1 Leggi! Escursioni.

ESCURSIONI

Giro guidato di Firenze in pullman di lusso, dotato di aria condizionata e di tutti i comfort!

- Partenza dalla piazza davanti alla stazione FS di Santa Maria Novella (angolo Piazza dell'Unità, davanti all'edicola).
- Guida a bordo del bus!
- Il modo ideale di visitare una delle più belle città della Toscana!
- Molto tempo libero per camminare e ammirare il paesaggio!

Escursioni anche a Fiesole, bella cittadina di origine etrusca situata sul colle che domina la valle dell'Arno.

Nota: *Le escursioni non sono disponibili il 25 dicembre o il 1° gennaio.*

Answer in English.

1 What sort of trip is being advertised? _____
2 Where exactly does the trip leave from? _____
3 Give two reasons for going on the trip. _____
4 Where else does this company organize trips to? _____
5 When are the trips available? _____

Firenze – Pisa
ogni ora; durata del viaggio 75 minuti, andata e ritorno 13 euro

2 ✎ Una gita in pullman.

Scrivi un'e-mail ad un amico/un'amica e descrivi brevemente una gita in pullman.
- Quando? Dove? Con chi?
- Quali 'comfort' aveva il pullman?
- Che cosa hai visto di interessante?

_____
_____
_____
_____
_____

3 🎧 Ascolta! Dal tabaccaio.

Rispondi alle domande.

1 Quante cartoline compra? _____
2 Quanti francobolli compra? _____
3 Dove spedisce le cartoline? _____
4 Quale immagine c'è sulla cartolina che tiene? _____

10.1 Una gita a Firenze

4 Descriviamo!

Completa le frasi con la forma corretta di un aggettivo scelto dal riquadro. Attenzione! È possibile usare lo stesso aggettivo più di una volta.

condizionato	romantico
bello	turistico
caro	primo
simpatico	magnifico
antico	famoso
interessante	divertente
chiuso	contento
stanco	aperto
prezioso	comico

1 Gianni era molto _____ della visita. È la sua _____ volta in Italia.
2 I suoi amici sono molto _____ .
3 Per fortuna, il nostro pullman ha l'aria _____ .
4 La gita era molto _____ .
5 Le botteghe sul Ponte Vecchio sono _____ .
6 I gioielli che vendono in queste botteghe sono _____ .
7 La vista dal campanile del Duomo è _____ .
8 Tutti questi ponti sono veramente _____ .
9 Queste cartoline non sono _____ .
10 L'atmosfera era _____ .
11 Tutte le opere d'arte sono _____ .
12 Alla fine del nostro giro turistico eravamo _____ .

5 Domande personali.

Rispondi alle domande.
Esempio: Quanti fratelli hai? **Ne** ho due./Non **ne** ho.

1 Quante sorelle hai? _____
2 Quanti anni hai? _____
3 Quanti cellulari hai? _____
4 Quanti amici hai? _____
5 Quanti insegnanti d'italiano hai? _____
6 Quante lezioni d'italiano hai alla settimana? _____

10.2 Al telefono

10 Informazioni pratiche

1 Leggi! Le immagini.
Completa il testo con una parola/espressione scelta dal riquadro.

Quando mandi un _____, invia anche delle _____, per renderlo più bello. ♥

Prova a dire ti _____ al tuo ragazzo attraverso un _____ che pulsa! ♥

_____ nell'archivio per scegliere il _____ da inviare con un _____! ♥

_____ le immagini al _____ dell'altra persona per farle una bella sorpresa! ♥

cuoricino
amo
immagini
invia
messaggio
entra
numero di cellulare
odio
regalo
scrivi
SMS
disegno

cuoricino = piccolo cuore ♥

2 Ancora delle domande!
Rispondi in modo positivo alle domande.

Esempio: Quanti cioccolatini hai mangiato oggi? (dieci) ▶ **Ne** ho mangia**ti** dieci.

1 Quante telefonate hai fatto oggi sul tuo cellulare? (cinque)
_____

2 Quanti messaggi SMS hai mandato in questi giorni? (trenta)
_____

3 Quanto vino hai bevuto nel fine settimana? (mezzo litro)
_____

4 Quanta acqua minerale hai comprato? (tre bottiglie)
_____

5 Quanti libri hai letto quest'anno? (dieci)
_____

6 Quante lettere hai scritto la settimana scorsa? (quattro)
_____

10.2 Al telefono

3 L'hai fatto?
Completa come negli esempi.
Esempi: Mi hai comprato la penna? Sì, **te l'**ho comprat**a**.
Mi hai comprato delle caramelle? Sì, **te ne** ho comprat**e**.

1 Ci hai comprato il giornale? _____
2 Mi hai comprato un francobollo? _____
3 Gli hai comprato i francobolli? _____
4 Mi hai scritto un'e-mail? _____
5 Gli hai scritto delle cartoline? _____
6 Le hai scritto delle lettere? _____

4 Quanti regali!
Cancella i pronomi sbagliati come nell'esempio.

▶ Chi ti ha dato l'orologio?
▷ ~~Te lo/Gliela~~/**Me l'**hanno comprato i miei genitori per il mio diciottesimo compleanno.
▶ E gli orecchini?
▷ Ce lo/Me li/Gliele ha regalati mio fratello.
▶ E la borsa te l'/me le/ce lo ha regalata tua sorella, vero?
▷ Esatto, ma come mai sai tutto questo?
▶ Perché me l'/te la/glielo ha detto Luisa.
▷ E quanti messaggi di auguri ti hanno mandato i tuoi compagni di scuola?
▶ Glieli/Me ne/Ce li hanno mandati almeno cinquanta!

5 Che classe!
Completa come nell'esempio.

Quando il preside della scuola è entrato nella classe d'italiano, Filippo **stava aprendo** (aprire) tutte le finestre, Elisabetta _____ (fare) i compiti di matematica e Sergio _____ (parlare) al cellulare con la sua ragazza. Inoltre, due ragazzi _____ (mangiare) un panino e _____ (bere) una coca cola, Antonella _____ (scrivere) una lettera d'amore, quattro ragazze _____ (giocare) a carte, l'alunno più diligente _____ (studiare) i verbi irregolari e l'insegnante d'italiano _____ (dormire) tranquillamente per terra in un angolo dell'aula.

6 🎧 Ascolta! Una visita a Bologna.

Completa le frasi con una parola/espressione scelta dal riquadro.

1 Per salire sulla Torre degli Asinelli ci vogliono almeno _____ .
2 Le scale nella Torre sono fatte di _____, come in un antico castello.
3 Accanto alle Due Torri si apre la splendida _____ della Mercanzia.
4 Sono spesso i frati domenicani che ti fanno da _____ nella chiesa di S. Domenico.

dieci minuti
guida
visitatore
legno
trenta minuti

un'ora
Piazza
Torre
splendida
marmo

58

10.3 Al mare

10 Informazioni pratiche

1 🎧 Ascolta! Al Lido di Jesolo.
Scrivi i dettagli richiesti:

Numero di alberghi e pensioni	
Numero di ville e appartamenti	
Numero di piscine	
Posizione	
La stagione estiva	

2a Leggi! Andiamo in spiaggia!

A Gli ombrelloni sono circa quattrocento, suddivisi fra quelli riservati agli alberghi e quelli disponibili per i clienti privati; le sedie sdraio e i lettini sono in gran parte in alluminio. In spiaggia ed in acqua, viene assicurato a tutti gli ospiti un servizio di assistenza ai bagnanti e di salvataggio attento e qualificato. Sulla spiaggia ci sono anche dei giochi per bambini. C'è la presenza di un bagnino anche durante la pausa pranzo in modo da garantire una maggiore sorveglianza.

B Tra spiaggia tre, con bandiera inglese, e spiaggia quattro, con bandiera italiana, è presente un servizio di pronto soccorso. La passeggiata sopraelevata è accessibile ai portatori di handicap per mezzo di un ascensore. Altri servizi che si possono trovare sulla spiaggia sono le scuole nuoto, windsurf e canoa e il noleggio dei pedalò, windsurf e canoe. Sulla spiaggia vengono organizzate la ginnastica e l'acqua-gym.

C Spiaggia attrezzata con cabine, spogliatoi, sdraio, lettini, ombrelloni, noleggio windsurf, vela, centro diving con attrezzature su richiesta, ristorante a 150 metri, bar e il servizio del bar direttamente sotto l'ombrellone.

2b Quale spiaggia è la più adatta per queste persone?
Scrivi A, B o C.

1. Pasquale vuole noleggiare una barca a vela.
2. Antonio è handicappato, ma gli piace molto andare in spiaggia.
3. A Patrizia non piace andare al bar. Preferisce essere servita sotto l'ombrellone.
4. Alfredo e Giuditta desiderano rimanere a mezzogiorno in spiaggia, ma solo se la spiaggia è sorvegliata a quell'ora.
5. A Francesca piace fare ginnastica, anche in spiaggia.
6. Gianna ha due figli di cinque e sei anni. Vuole trovare una spiaggia sorvegliata dove i bambini possono giocare.

59

11 Le feste
11.1 I sacramenti religiosi

1 Leggi! Che bei fiori!

> I fiori decorano la chiesa, la casa della sposa, il ristorante.
> Si usano i fiori di campo per un matrimonio in campagna,
> in città si vedono spesso tulipani, rose, fresie e camelie.
> Per il bouquet della sposa la tradizione vuole i fiori d'arancio
> ma spesso si scelgono fiori di stagione.

Indica se queste affermazioni sono V (vere), F (false) o ? (se non sono indicate). Correggi le affermazioni false.

1 I fiori costano molto. ☐
2 Nell'occasione di un matrimonio ci sono sempre fiori nella chiesa. ☐
3 Si usano i fiori di campo per un matrimonio in città. ☐
4 La tradizione vuole sempre fiori di stagione per il bouquet. ☐

2 Ascolta! Il matrimonio.

Listen to some instructions about wedding etiquette. Answer in English.

1 Who should the bride enter the church with? _____
2 Who should sit on the left side of the church? _____
3 Who should sit on the right side of the church? _____
4 After the ceremony, which hand should the groom offer the bride? _____
5 Who should walk behind the newly-weds? _____

3 Ascolta di nuovo!

Completa la frase con: **al, all', allo, alla, del, dell', dello, della**.

la madre **dello** sposo _____ destra _____ padre _____ sposa, la madre _____ sposa _____ braccio _____ padre _____ sposo.

4 Leggi! Le bomboniere.

Nel giorno delle nozze la scelta di confetti e bomboniere è importantissima. Generalmente ne viene regalata una a famiglia, eccetto alle coppie di fidanzati, a cui se ne regala una a testa. Le bomboniere vanno consegnate dalla sposa prima del termine del ricevimento, oppure, nel caso di invitati non presenti, vanno spedite entro circa dieci giorni dopo il matrimonio.

Rispondi alle domande.

1 Quante bomboniere si regalano ad una famiglia?
   _____
2 Quante bomboniere si regalano ad una coppia di fidanzati?
   _____
3 Chi consegna le bomboniere?
   _____
4 Entro quando dovranno essere spedite a invitati non presenti?
   _____

11 Le feste

5 Leggi! Un invito.

> *Giuseppe e Loretta Verdi sono lieti di incontrare parenti e amici in occasione del battesimo di Massimo*
>
> *Bologna 26 ottobre*
> *chiesa di San Domenico 11,30*
>
> Colazione
> Ristorante Ercole
> Via Cavour, 6
> Bologna

Completa la tabella.

Nomi dei genitori	
Nome del bambino	
Persone invitate	
Occasione da celebrare	
Luogo/città e data della cerimonia	
Dove mangiano	

6 Leggi! Un ricevimento di battesimo.

L'abbigliamento richiesto per gli invitati è sicuramente elegante: completo scuro (grigio o blu), giacca e cravatta per i signori e tailleur o vestito per le signore.

Si può fare un ricevimento in casa – pizzette e salatini, pasticcini, spumante e torta se il battesimo è di pomeriggio; pranzo seduti o in piedi se il battesimo è di mattina, oppure è anche possibile scegliere un ristorante o un agriturismo. Il menù al ristorante è normalmente: antipasto, due primi, un secondo, vari contorni, torta e spumante – tutto servito con i vini più appropriati. Si consiglia una sala dove non si fuma. Prima della torta gli invitati consegnano i regali ai genitori che li aprono uno ad uno e ringraziano con baci e abbracci!

Rispondi in italiano.

1 Cosa devono portare i signori?
   _____
2 Cosa si deve preparare da mangiare se il battesimo è di pomeriggio?
   _____
3 Dove si può fare il ricevimento?
   _____
4 Cosa si mangia e beve al ristorante?
   _____
5 Quale consiglio danno?
   _____
6 Chi apre i regali?
   _____

11.2 Natale con i tuoi, Pasqua con chi vuoi

1 Leggi! Natale molto tempo fa.

Ho chiesto a mia nonna come era il Natale quando era bambina. Lei viveva in una colonia, perché i suoi genitori non avevano una casa abbastanza spaziosa per undici persone, così le figlie più piccole, compresa mia nonna, abitavano nella colonia. Lì i bambini facevano il presepe con le patate per il corpo delle statuine, gli stuzzicadenti per le braccia e le gambe, dei fili di lana per i capelli e il cotone per la faccia e i vestiti. Al pranzo di Natale, mangiavano il tacchino. Dopo pranzo c'erano i regali sotto l'albero: per le bambine delle bambole, per i bambini le costruzioni.

una colonia	children's home run by nuns
gli stuzzicadenti	tooth picks
le bambole	dolls
le costruzioni	building blocks

Indica se queste affermazioni sono V (vere), F (false) o ? (se non sono indicate). Correggi le affermazioni false.

1 La nonna viveva a casa. ☐
2 I bambini usavano patate per il corpo delle statuine. ☐
3 Usavano gli stuzzicadenti per i capelli. ☐
4 Usavano bottoni per le scarpe. ☐
5 Al pranzo tutti mangiavano il manzo. ☐
6 Le bambine ricevevano le costruzioni. ☐

2 🎧 Ascolta!

Ascolta questa persona che parla di Natale quando era bambino. Completa le frasi con le parole giuste.

1 Il babbo portava a casa un
   albero/mandarino/cioccolatino/libro.
2 La vigilia di Natale tutti andavano in chiesa
   in macchina/in carrozza/in bicicletta/a piedi.
3 La chiesa era
   vicina/alta/lontana/bassa.
4 Sotto l'albero si mettevano
   le scarpe/i dolci/i regali/le statuine.
5 Dopo la Messa potevano mangiare
   un dolce/un pasto/la cena/la merenda.

3 Leggi! La leggenda della Befana.

Una sera di un inverno freddo, freddissimo, tre personaggi elegantemente abbigliati hanno bussato alla porta della casa della Befana. Erano i Re Magi che cercavano Gesù bambino.

La vecchia ha indicato loro la strada per Betlemme. Loro le hanno chiesto se voleva accompagnarli, ma non ha voluto accompagnarli, perché aveva troppe faccende.

Dopo che i Re Magi se ne erano andati via, la vecchia si è resa conto di aver commesso un grande errore. Voleva trovarli al più presto! È uscita ed ha cercato i tre re, ma non ha potuto trovarli. Allora si è fermata ad ogni porta lasciando un dono ad ogni bambino, nella speranza di trovare Gesù bambino!

Da allora, continua, nella notte fra il 5 e il 6 gennaio, a cercare il bambino a cavallo della sua scopa.

Nella leggenda …
1 Che tempo faceva?
   _____
2 In quale stagione ha luogo questa leggenda?
   _____
3 Chi erano i tre personaggi?
   _____
4 Perché la Befana non ha voluto accompagnarli?
   _____
5 Di che cosa si è resa conto?
   _____
6 Perché la Befana lascia i doni ai bambini?

11.3 Feste nazionali e regionali

1 Leggi! Abbiamo festeggiato!

Gianpaolo: Per San Valentino, io e Annamaria siamo andati a Parigi per passare un weekend romantico.

Elena: Il 20 settembre, sono andata a Prato per festeggiare il matrimonio di Giulia.

Gianni: Il 16 settembre, siamo andati ad una pizzeria per festeggiare i 21 anni di mia sorella, Lucia.

Alessandra: A febbraio, sono andata a Venezia con la scuola durante il periodo del Carnevale.

Daniela: A Pasqua, sono rimasta a casa con i miei.

Marco: Dal 30 dicembre al 2 gennaio io, Gianni, Nicolò e Luca siamo stati a Sydney per festeggiare il Capodanno.

Rispondi alle domande.

1 Chi ha visto una sposa? _____
2 Chi è stato in Francia con la moglie? _____
3 Chi ha festeggiato con amici l'arrivo dell'Anno Nuovo? _____
4 Chi ha festeggiato un compleanno? _____
5 Chi è stato in gita scolastica? _____

2 Ascolta! L'Italia nascosta.

a) Completa le frasi con le parole/espressioni dal riquadro. Attenzione! Non tutte le parole sono da usare!

C'è un'Italia meno nota, dove _____ l'inverno che va via, il raccolto _____ o d'uva, dove _____ e le tradizioni sono _____ . È un'Italia di suoni e _____, di _____ e sapori. Dal vino ai _____, dal pane alla _____ , ci sono più di _____ feste in Italia.

colori	burro	pasta
di frutta	il santo patrono	seimila
d'olio	importantissimi	si festeggia
formaggi	odori	settemila

b) Perché l'Italia viene chiamata 'lo stivale'?

3 Leggi! Giardini Margherita.

Giardini Margherita

Festa per bambini: corsa in bici per bambini dai 4 agli 11 anni. GRATUITA: in regalo un casco da ciclista, merenda, gelati, e tanti altri premi. Per assicurarsi il casco omaggio, telefonare allo 0521 917083.

Rispondi alle domande.

1 Per chi è questa festa?
_____
2 Quanto costa il casco da ciclista?
_____
3 Cosa si può mangiare?
_____
4 Cosa bisogna fare per ricevere il casco?
_____

11.3 Feste nazionali e regionali

4 Il superlativo.

a) Scrivi le frasi.

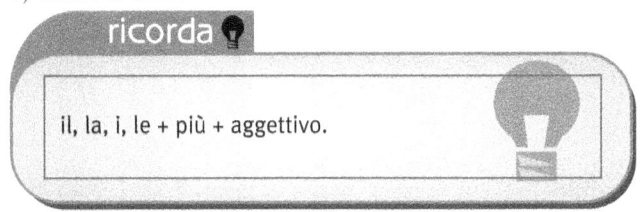

> **ricorda**
> il, la, i, le + più + aggettivo.

Esempio: ragazze, Clara + intelligente ▶ Di tutte le ragazze, Clara è la più intelligente.

1 Paesi, Italia + bella

2 pizze, pizza Margherita + buona

3 tradizioni, questa tradizione + importante

4 santi, San Valentino + amato

b) Scrivi le frasi.

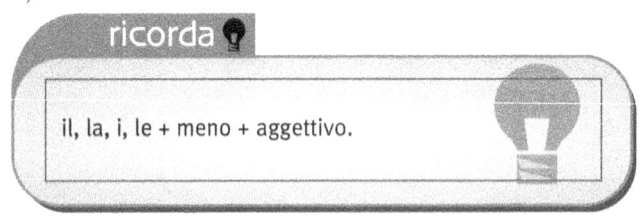

> **ricorda**
> il, la, i, le + meno + aggettivo.

Esempio: ragazzi, Franco è - intelligente
▶ Di tutti i ragazzi, Franco è il meno intelligente.

1 ragazze, Ilaria - simpatica

2 libri, questo libro - interessante

3 film, questo film - noioso

4 case, questa casa - bella

c) Scrivi le frasi.

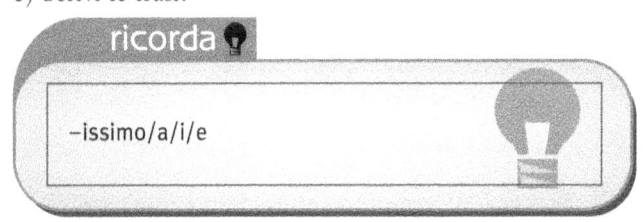

> **ricorda**
> –issimo/a/i/e

Esempio: La tua amica è molto simpatica!
▶ È simpaticissima!

1 Questa pizza è molto buona! _____
2 Questa casa è molto grande! _____
3 Questa città è molto bella! _____
4 Questi giardini sono molto piccoli! _____
5 Queste ragazze sono molto gentili! _____

5 Quante esclamazioni!

Abbina l'esclamazione alla frase secondo il senso.

Esempio: Il mio ragazzo arriva dalla Germania oggi. Ho avuto la buona notizia all'ultimo momento. ▶ Che bella sorpresa!

Come sei gentile!	(Che bella sorpresa!)
Che carina!	Che bravo!
Che brutta giornata!	Come sei pigro!

1 Secondo me, è meglio stare a casa oggi. Fuori è sotto zero e tutto è gelato.

2 Mio fratello ha superato tutti i suoi esami.

3 Aspetta un attimo che ti apro la porta.

4 Questa è la bambina di mia sorella. Ha solo quattro mesi.

5 ▶ Alzati, Marco! Sono già le otto.
▷ È ancora presto allora.
▶ Sono le otto di sera!

6 Dammi qualche consiglio!

Scegli la forma corretta.

Esempio: Ho comprato *del/qualche* prosciutto crudo.
▶ Ho comprato *del/~~qualche~~* prosciutto crudo.

1 Durante la lezione abbiamo fatto *degli/qualche* esercizi.
2 Ho *alcune/qualche* corrispondente in Spagna.
3 L'ho visto *qualche/alcuni* anni fa.
4 Mangia *qualche/dei* biscotti se hai fame.
5 Ci andiamo *delle/qualche* volta.

12 Sei in forma?

12.1 Che cos'hai?

1 Quanti problemi!
Abbina il problema alla frase giusta, come nell'esempio.

Problemi
1 Le fa male il piede sinistro.
2 Si è storta la caviglia.
3 Ho mal di pancia.
4 Ho mal di denti.
5 Mi fa male il braccio destro.
6 Ha mal di testa.
7 Gli fa male la schiena.
8 Ho mal di gola.

A Mamma, ho mangiato troppo a pranzo e adesso…
B Come posso giocare a tennis se non riesco a tenere la racchetta?
C Non posso parlare oggi.
D Ieri sera, mio fratello ha bevuto troppo vino.
E Mia sorella ha difficoltà a camminare.
F Da alcuni giorni, mio nonno non lavora in giardino.
G Ogni volta che mangio ho un terribile dolore qui.
H Mia sorella non può giocare a pallavolo per almeno tre settimane.

1	2	3	4	5	6	7	8
E							

2 Spiegazioni.
Per ogni frase scrivi una spiegazione appropriata ma differente.

Esempio: Professore non vengo a scuola oggi **perché mi sento male**.

1 Professore, non vengo alla sua lezione d'italiano oggi … _____
2 Maurizio, mi dispiace ma non vengo alla partita di calcio … _____
3 Elena, ti chiedo scusa ma non posso venire alla tua festa domani sera … _____
4 Mamma, sono andato/a a letto senza mangiare … _____
5 Cari amici, non posso giocare a pallacanestro con voi stasera … _____
6 Marco, ti telefono per dire che non posso uscire oggi … _____

3 Ascolta! Bisogna fare qualcosa.
Scrivi **Silvia, Gianni, Luisa, Filippo, Giorgio** o **nessuno** accanto alla frase giusta.

1 Chi ha problemi con le gambe? _____
2 Chi ha problemi con lo stomaco? _____
3 Chi deve andare dal medico? _____
4 Chi ha problemi con i denti? _____
5 Chi ha la febbre? _____
6 Chi ha mal di gola? _____
7 Chi deve andare dall'ottico? _____
8 Chi ha problemi con le orecchie? _____

4 Non ha senso!
Correggi queste frasi.
Esempio: Stamattina sono caduto e mi sono rotto ~~l'insalata~~. il braccio

1 Non devi sollevare cose pesanti se ti fa male **il naso**. _____
2 Se hai mal di **pancia** perché non vai dal dentista? _____
3 Se ti bruciano sempre **i piedi** vai dall'ottico. _____
4 Perché devo ripetere tutto? Hai problemi con **le ginocchia**? _____
5 Antonio ha difficoltà a parlare perché gli fa male **il dito**. _____

12.1 Che cos'hai?

5 Accidenti! Un incidente!

Cara Silvana,

ho una brutta notizia. Non posso venire al mare con te sabato. Il fine settimana scorso, sono andato a sciare, sono caduto e mi sono fatto molto male alla gamba sinistra. Meno male che non mi sono rotto la gamba. Adesso, purtroppo, devo stare a casa per qualche settimana. Sai che per il mio lavoro ho bisogno della macchina e quindi ... ma pazienza. Se non hai niente in programma domani sera vieni a trovarmi. Mi annoio quando devo stare sempre a casa.

Ciao, a presto,

Enrico

Answer these questions in English.

1 How will the accident affect Enrico's plans?

2 When did the accident happen?

3 What was he doing?

4 What injury did he suffer?

5 How long will he have to stay at home?

6 Why can't he go to work?

7 What is Enrico's suggestion?

8 Why doesn't Enrico like staying at home?

6 Pubblicità.

Leggi questa pubblicità e scegli la risposta giusta.

È ora di andare in vacanza. Soffrite il mal di mare?

State tranquilli!

- Dopo tanti anni di ricerca, i nostri medici hanno scoperto una cura meravigliosa.
- Non ti servono più quelle compresse. Prendete l'aereo!
- Non aspettate fino a domani o alla settimana prossima per chiedere informazioni. Contattate oggi la nostra compagnia, SOPRAMAR. Vi assicuriamo non soffrirete più il mal di mare!

1 Questa pubblicità si rivolge a chi ...
   a) va in vacanza al mare.
   b) torna dalle vacanze.
   c) viaggia male in nave.
   d) viaggia spesso in treno.

2 La pubblicità suggerisce di ...
   a) andare dal medico.
   b) stare a casa.
   c) prendere delle compresse.
   d) cambiare mezzo di trasporto.

3 Per chiedere informazioni bisogna contattare SOPRAMAR ...
   a) subito.
   b) la settimana prossima.
   c) dopo un mese.
   d) domani.

7 Descrivere un incidente.

Domenica vai a trovare un amico/un'amica in Italia. Purtroppo, ti è successo qualcosa e adesso non puoi andare. Manda un'e-mail all'amico/amica e spiegagli/le:

- Cosa è successo/Quando/Come
- Se ti sei fatto/a male e dove
- Se devi stare a letto/a casa e per quanto tempo
- Se hai intenzione di andare in Italia quando ti senti meglio

12.2 Dieta e salute

1 Che futuro hai?

Metti i verbi tra parentesi al futuro.
Esempio: Noi _____ (partire) sabato prossimo.

▶ Noi **partiremo** sabato prossimo.

1 Io _____ (continuare) a studiare l'italiano l'anno prossimo.

2 Tu _____ (studiare) lo spagnolo.

3 La mia amica _____ (trovare) un lavoro in Italia.

4 I tuoi genitori _____ (essere) a casa stasera verso le nove?

2 Il futuro anteriore.

Metti i verbi tra parentesi al futuro anteriore.
Esempio: Alle nove Carlo _____ già _____ (partire).

▶ Alle nove Carlo **sarà** già **partito**.

1 Alle dieci io _____ già _____ i compiti (finire).

2 Alle nove noi _____ già _____ (mangiare).

3 Fra un'ora Sandra _____ _____ (tornare).

4 Fra due ore i bambini _____ _____ a letto (andare).

3 Lo farò ... domani!

Rispondi alle domande usando il futuro e sostituendo le parole in neretto con il pronome giusto. Puoi scegliere una parola/espressione di tempo dal riquadro.

Esempio: Quando scrivi **la lettera**? ▶ **La scriverò** più tardi.

1 Quando finisci **i tuoi compiti**? _____

2 Quando fai **la spesa**? _____

3 Quando compri **il libro**? _____

4 Quando telefoni **alla tua amica**? _____

5 Quando vai **dal dentista**? _____

6 Quando leggi **la rivista**? _____

7 Quando bevi **il tuo caffè**? _____

8 Quando prendi **queste aspirine**? _____

stasera
nel fine settimana
alle otto
dopo
più tardi
domani mattina
subito
venerdì pomeriggio

12.2 Dieta e salute

4 Regole per mantenersi in buona salute.
Leggi queste regole.

1 Bere molta acqua ogni giorno: due litri se possibile!
2 Fare moto ogni giorno, ad esempio, un bella passeggiata.
3 Mangiare cereali ogni giorno, soprattutto integrali.
4 Mangiare ogni giorno frutta e verdura.
5 Mangiare i dolci ogni tanto, non ogni giorno!
6 Evitare di mangiare cibi troppo grassi.
7 Limitare l'uso del sale.
8 Bere bibite che non contengono troppo zucchero.
9 Bere alcolici in quantità moderata.
10 Evitare situazioni troppo stressanti.

Le seguenti persone rispettano le regole?
Scrivi **Sì**, o **No** e il numero della regola.

Esempio: Elio mangia verdura ogni giorno ma dimentica spesso di mangiare la frutta. Due giorni fa, gli ho dato una mela e una banana per il suo spuntino in ufficio, ma non le ha ancora mangiate.

A Fiorenzo condisce quasi tutto quello che mangia con il sale. Ha problemi con la pressione del sangue, che è troppo alta, e il medico gli ha detto che deve comprare e cucinare alimenti con poco sale ma Fiorenzo non vuole ascoltare.

B Mia sorella Donatella ha un lavoro molto importante ed è sempre occupatissima ma anche nei momenti più difficili della giornata lei ha imparato a stare calma. Ogni giorno in ufficio fa lo yoga o qualche esercizio di respirazione.

C Maria va a scuola a piedi ogni giorno. Da casa nostra sono cinque chilometri. Poi ogni sera, in giardino o nella sua camera fa aerobica. Non sta ferma un minuto!

D Giacomo mangia carne almeno cinque volte alla settimana, però beve poca acqua.

E A Sandra piace tanto il suo bicchiere di vino rosso a pranzo e a cena. Raramente beve più di due bicchieri.

F Elvina adora il fast food e non può fare a meno del suo hamburger a pranzo. Quando torna a casa vuole mangiare sempre uova e salsicce. Ieri sera ha mangiato quasi un chilo di formaggio. Poi mette enormi quantità di burro sul pane che mangia a colazione. La parola 'colesterolo' non fa parte del suo vocabolario!

	Sì/No	Regola
Es	No	4
A		
B		
C		
D		
E		
F		

12.3 Esercizi per tenersi in forma

12 Sei in forma?

1 Ascolta! Sono sani o no?

Queste persone si mantengono in buona salute, sì o no? Giustifica la risposta.

Nome	Sì	No	Ragione/i
Filippo	✓		Ha sempre fatto sport/Beve un bicchiere di vino a cena. (Beve poco/Non beve molto).
Claudia			
Claudio			
Cristina			
Mauro			
Luisa			

2 Pensi di essere in forma o no?

Scrivi almeno 50 parole per spiegare se sei in forma o no. Prendi in considerazione quello che fai in una settimana non in un giorno solo.

_____
_____
_____
_____
_____

3 E gli amici?

Descrivi una persona che conosci bene che fa di tutto per mantenersi in buona salute e una persona che non fa niente.

Esempio: La mia amica Giulia fa di tutto per mantenersi in buona salute. Ogni mattina prima di andare a lavorare cammina per venti minuti, poi a colazione mangia una banana e beve una spremuta di arancia …

Il mio amico Alberto, invece, non fa niente per mantenersi in buona salute. Lavora in ufficio dove sta seduto tutto il giorno davanti al computer. Torna a casa e si mette a guardare la televisione. Mangia cibi sempre troppo grassi, per esempio, patatine, patate fritte …

_____
_____
_____
_____
_____
_____
_____

13 Il lavoro
13.1 Che tipo di lavoro?

1 Trova i 13 lavori nascosti, poi cancella tutte le 'x' e trova una parola nascosta.

G	X	I	N	S	E	G	N	A	N	T	E
X	X	X	C	A	M	E	R	I	E	R	E
C	O	M	M	E	S	S	O	X	E	P	X
I	P	O	X	E	R	N	X	I	X	R	X
X	E	X	X	X	C	X	H	X	X	E	X
X	R	M	E	D	I	C	O	A	X	T	E
T	A	X	X	X	C	X	A	X	X	E	R
X	I	S	X	U	I	X	L	N	X	X	O
A	O	X	R	X	X	X	X	X	I	X	T
O	I	R	A	T	E	R	G	E	S	C	T
X	A	P	I	T	T	O	R	E	X	X	O
P	I	N	F	E	R	M	I	E	R	E	D

1 insegnante
2 _____
3 _____
4 _____
5 _____
6 _____
7 _____
8 _____
9 _____
10 _____
11 _____
12 _____
13 _____

La parola nascosta è _____.

13 Il lavoro

2 ✏ Scrivi! Che lavoro fanno?

1
2
3
4
5
6

Che lavoro fanno queste persone? Dove lavorano?

1 _____
_____
2 _____
_____
3 _____
_____
4 _____
_____
5 _____
_____
6 _____
_____

3 🎧 Ascolta! Tradurre: un lavoro ambizioso e modesto.

Ascolta Martino che parla del suo lavoro. Scrivi la lettera giusta nella casella

1 Martino ha deciso di dedicarsi alla traduzione …
A alla scuola primaria.
B alla scuola secondaria.
C alla scuola media.
D all'università. ☐

2 Martino ha deciso di dedicarsi alla traduzione perché si è innamorato della sua insegnante di …
A inglese.
B spagnolo.
C tedesco.
D francese. ☐

3 Martino ha tradotto …
A una lettera
B un romanzo soltanto.
C più di cento libri.
D più di centosessanta libri. ☐

4 La materia preferita di Martino è …
A inglese.
B francese.
C italiano.
D tedesco. ☐

5 Al momento, Martino …
A ha molti contratti.
B lavora all'università.
C lavora su un testo contemporaneo.
D non sta lavorando su una traduzione. ☐

6 Quando lavora su un testo contemporaneo, stabilisce contatti con l'autore …
A mai.
B spesso.
C ogni settimana.
D se possibile. ☐

71

13.2 Un lavoro ideale

1 Leggi questo annuncio.

Annuncio n. 22224
Azienda: SERVIZI AZIENDALI ANTONINI
Telefono: 0329 088521
E-mail: antonini@calabria.it
Area di lavoro: Calabria, Puglia, Sicilia
Settore: marketing
Mansione: consulente di vendita / responsabile di zona
Tipo di contratto: agenzia

I Servizi Aziendali Antonini, operanti su tutta la Calabria, la Sicilia e la Puglia ricercano agenti di vendita (più consulenti che venditori), responsabili di zona, esclusivamente provenienti dal mondo delle telecomunicazioni. Si offre fisso mensile dal secondo mese di attività, percentuali sul traffico, altissimi premi e formazione continua.

Rispondi alle domande.

1 Che tipo di lavoro offrono i "Servizi Aziendali Antonini"? _____
2 In quali regioni lavoreranno queste persone? _____
3 Quali due tipi di lavoro faranno? _____
4 Quando saranno pagati per la prima volta? _____
5 Oltre alla paga quali altri incentivi offre questa società? _____

2 Leggi! Un lavoro creativo.

Ciao a tutti, mi trovo in difficoltà! Faccio un lavoro che non mi soddisfa per niente. Vorrei fare un lavoro creativo, ne ho veramente bisogno! Quindi sto cercando di raccogliere delle idee, prima di prendere una decisione. Amici, potete consigliarmi sui pro e contro? Rispondetemi! www.ilario.it è il mio sito, ci lavoro di notte e ultimamente quasi tutti i giorni. Sono appassionata di Disney fin da neonata, ma per un po' ho lasciato da parte il disegno. Come faccio a trovare un lavoro davvero soddisfacente, un lavoro dove potrei forse disegnare cartoni animati?

Beh! Ecco tutto per il momento, magari vengo a leggere dopo se qualcuno si è collegato. Ciao a tutti!
Giulietta

Completa ogni frase con una parola esatta dal testo.

1 Giulietta vorrebbe un lavoro _____ .
2 Non vuole prendere subito una _____ .
3 Cerca un consiglio dagli _____ .
4 Recentemente lavora sia di giorno che di _____ .
5 Cerca un lavoro _____ .
6 Vorrebbe disegnare _____ animati.

13 Il lavoro

3 Scriviamo la forma completa!
Completa la tabella con la forma corretta del condizionale.

	cercare	finire	potere	volere
io		finirei		
tu				
lui/lei	cercherebbe			
noi				vorremmo
voi				
loro			potrebbero	

4 I desideri.
Completa queste frasi, usando il condizionale.

1 Daniela _____ lavorare all'estero. (volere)

2 A Daniela _____ visitare altri amici. (piacere)

3 Elena _____ rimanere in Italia. (preferire)

4 Mi _____ tanto viaggiare. (piacere)

5 Io _____ andare prima in Italia. (dovere)

6 Io _____ lavoro. (trovare)

5 Cerchiamo di essere cortesi!
Vuoi essere cortese. Scegli la forma giusta.

1 Voglio/Vorrei prendere un appuntamento con il signor Rossi.

2 Signora, ti dispiace/Le dispiacerebbe aspettare un attimo?

3 Mi potrebbe/può mandare più informazioni?

4 Signore, deve/dovrebbe chiedere aiuto.

6 Il condizionale passato.
Metti i verbi tra parentesi al condizionale passato.

Esempio: Le ragazze _____ _____ presto (tornare).

▶ Le ragazze **sarebbero tornate** presto.

1 Daniela _____ _____ felice (stare).

2 Voi _____ _____ in Australia (andare).

3 I professori _____ _____ di tutto per aiutarci (fare).

4 La ragazza _____ _____ tutta la sera (ballare).

13.3 Il curriculum vitae

1 Leggi! Curriculum vitae, le regole d'oro!

1 Quali sono le caratteristiche principali di un curriculum ben scritto?
Il tempo dedicato alla prima lettura del cv è molto poco (1–2 minuti). Per questo motivo il curriculum deve essere breve ma allo stesso tempo completo con le informazioni necessarie.

2 Quanto deve essere lungo un cv?
Normalmente un curriculum non deve superare 2 pagine. Per i giovani può essere sufficiente una pagina, ma per gli adulti sarà necessario un numero di pagine superiore.

3 Quale importanza ha l'aspetto grafico?
Il curriculum deve essere chiaro non solo nei contenuti ma anche nell'aspetto grafico. Evitare il curriculum manoscritto; mettere in evidenza le parti più importanti (lasciare qualche riga tra un gruppo di argomenti e l'altro) e le dimensioni del carattere (10 o 12 punti).

4 Qual è l'ordine per le informazioni?
Non esiste una regola generale. Esiste invece un modello più diffuso. Come prima sezione normalmente i dati anagrafici: l'indirizzo, l'età, il numero di telefono.

5 Per la formazione?
Per la sezione sulla formazione è necessario scrivere il titolo più recente ed il nome dell'istituto.

6 E le esperienze professionali?
Si può iniziare descrivendo l'esperienza più recente ma è altrettanto valido iniziare da quella più antica; il primo approccio mette subito in evidenza le attuali competenze, il secondo sottolinea invece in maniera più chiara il percorso di crescita.

7 Quale consiglio si potrebbe dare a chi non è occupato?
Possono essere utili i corsi di approfondimento ad esempio di inglese o sull'utilizzo di strumenti informatici, oppure su aree specifiche che riteniamo essere interessanti per eventuali nuovi datori di lavoro.

a) Di che cosa tratta l'articolo?

A Come trovare un lavoro.
B Le persone disoccupate.
C Come scrivere un cv.
D Le competenze professionali.

Scrivi la lettera giusta nella casella. ☐

b) Dove si parla di queste cose? Abbina ogni frase al paragrafo giusto.

Esempio: Formazione per i disoccupati.   [7]

1 La lunghezza del cv.   ☐

2 I titoli di studio.   ☐

3 L'importanza degli spazi.   ☐

c) Rispondi alle domande.

1 Perché deve essere corto il cv? _____
2 Quali dimensioni del carattere sono accettabili? _____
3 Cosa sono i dati anagrafici? _____
4 Quali corsi dovrebbe frequentare un disoccupato? _____

14 Cosa ti piacerebbe fare?
14.1 Inviti ad uscire

1 Vuoi venire ... sì o no?

Abbina l'invito alla risposta giusta.

Inviti

1. Maria, ti va di andare a vedere l'ultimo film di Harry Potter domani sera?
2. Alfredo, vuoi andare a vedere una mostra degli artisti locali questo venerdì? L'ingresso è gratuito.
3. Sabrina, cosa ne dici di venire al ristorante con me e Antonio sabato sera?
4. Franco, hai voglia di andare in discoteca questa settimana? Se ti va l'idea, mandami un SMS.
5. Stefania, il Milan gioca in casa questa domenica. Perché non andiamo a vedere la partita insieme?
6. Rosanna, ti piacerebbe andare in piscina oggi pomeriggio?

Risposte

A. Mi sembra un'ottima idea. Posso portare anche il mio corrispondente inglese perché è un appassionato di calcio.
B. Mi piacerebbe tanto venire, ma in questo momento sono a dieta e quindi ... Forse un'altra volta!
C. Grazie dell'invito ma l'ho già visto tre volte.
D. No, grazie, ho già qualcosa in programma e poi sai benissimo che ho paura dell'acqua. Purtroppo, non ho imparato a nuotare quando ero più giovane.
E. Che buon'idea! Vengo volentieri, soprattutto se non costa niente entrare.
F. Mi dispiace no, perché non sopporto la musica forte. Bisogna sempre gridare se si vuole parlare con qualcuno e poi quando esco mi fanno male le orecchie.

Scrivi la lettera giusta nella casella.

1	2	3	4	5	6
C					

2 Sono un po' confuso!

Metti in ordine questo dialogo.

- Verso le sette.
- Sì, volentieri. A che ora comincia?
- E dove?
- Elena, ti va di andare al concerto di musica classica lunedì?
- Nel bar di fronte al teatro?
- Alle sette e mezza.
- D'accordo. Ciao, a lunedì.
- A che ora ci vediamo allora?

1 _____
2 _____
3 _____
4 _____
5 _____
6 _____
7 _____
8 _____

3 Ascolta! Perché non andiamo ... ?

Indica con ✓ se la persona accetta o rifiuta l'invito e scrivi la ragione.

	Accetta	Rifiuta	Ragione
Arturo		✓	Gioca a calcio.
Adriana			
Dante			
Beatrice			
Giulietta			
Romeo			

14.1 Inviti ad uscire

4 Hai qualcosa in programma?
Leggi questo invito.

> Ciao,
> vuoi andare alla festa di Giuliana martedì sera? Compie diciannove anni. La festa è a casa sua e comincia alle otto. Se vuoi venire, ci vediamo davanti alla stazione alle sette e mezza. Se non hai voglia di venire o hai già qualcosa in programma, fammi sapere. Mandami un SMS o chiamami sul cellulare.
> Ernesto

a) Rispondi subito ad Ernesto accettando l'invito.

b) Che peccato! Il giorno dopo succede qualcosa e adesso non puoi andare alla festa. Scrivi un altro messaggio ad Ernesto in cui:
- chiedi scusa
- spieghi perché non puoi andare

5 Tocca a te invitare qualcuno.
Inviti un amico o un'amica ad uscire. Bisogna spiegare:
- cosa pensi di fare
- quando
- a che ora
- dove vi incontrate
- che vuoi una risposta all'invito

6 Preposizione o no?
Inserisci nello spazio **di**, **a** o non inserire niente.

▶ Andiamo _____ fare una passeggiata?
▷ No, perché comincia _____ piovere e ad ogni modo ho bisogno _____ studiare.
▶ Hai voglia _____ andare da qualche parte nel fine settimana?
▷ Dipende, cosa hai intenzione _____ fare esattamente?
▶ Mi piacerebbe _____ andare al mare, ma se continua _____ piovere dovrò cambiare i miei progetti.
   A proposito, hai deciso _____ andare in Germania all'inizio di settembre?
▶ Sì, infatti ieri sera ho cercato _____ contattare la famiglia che mi ospita ma non c'era nessuno in casa.
   Inoltre, devo ancora _____ chiedere informazioni sull'orario dei treni.
▶ Perché non vai in aereo?
▷ Detesto _____ viaggiare in aereo, preferisco _____ prendere il pullman o il treno.
▶ Ha smesso _____ piovere, me ne vado. Ciao, ti telefonerò più tardi quando avrò finito _____ studiare.

14.2 Inviti ad andare all'estero

14 Cosa ti piacerebbe fare?

1 **Una lettera di un amico inglese.**
Leggi la lettera e rispondi alle domande.

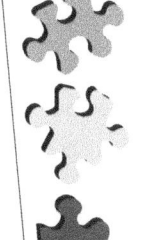

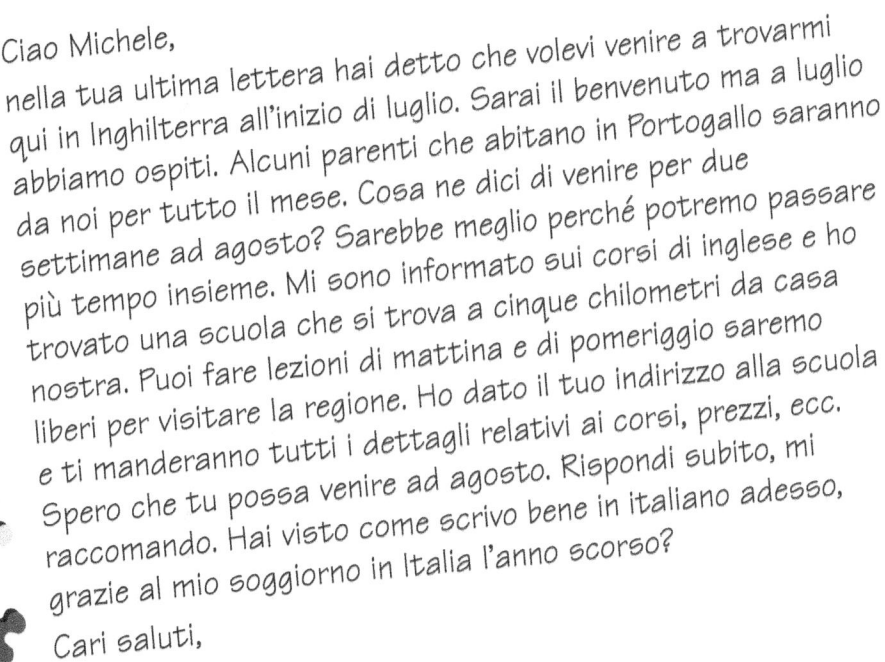

> Ciao Michele,
>
> nella tua ultima lettera hai detto che volevi venire a trovarmi qui in Inghilterra all'inizio di luglio. Sarai il benvenuto ma a luglio abbiamo ospiti. Alcuni parenti che abitano in Portogallo saranno da noi per tutto il mese. Cosa ne dici di venire per due settimane ad agosto? Sarebbe meglio perché potremo passare più tempo insieme. Mi sono informato sui corsi di inglese e ho trovato una scuola che si trova a cinque chilometri da casa nostra. Puoi fare lezioni di mattina e di pomeriggio saremo liberi per visitare la regione. Ho dato il tuo indirizzo alla scuola e ti manderanno tutti i dettagli relativi ai corsi, prezzi, ecc. Spero che tu possa venire ad agosto. Rispondi subito, mi raccomando. Hai visto come scrivo bene in italiano adesso, grazie al mio soggiorno in Italia l'anno scorso?
>
> Cari saluti,
>
> Simon

1 Dove vuole andare Michele e quando?

2 Perché Simon suggerisce di venire più tardi?

3 Che persone ci saranno a casa di Simon e da dove vengono?

4 Quando suggerisce a Michele di venire e per quanto tempo?

5 Cosa vuole fare Michele durante il suo soggiorno?

6 Cosa faranno Simon e Michele nel pomeriggio?

7 Che cosa manderà la scuola a Michele?

8 Perché l'italiano scritto di Simon è migliorato?

14.2 Inviti ad andare all'estero

2 Ci vuole un momento di riflessione!
Abbina le due parti delle frasi come nell'esempio.

1 Non avevo fame e quindi sono uscito
2 Ho fatto i miei compiti
3 Marco, dovresti concentrarti su questo esercizio
4 Puoi uscire
5 Prova a fare l'esercizio da solo
6 Sarebbe meglio risparmiare un po'
7 Ti manderò le informazioni
8 Gli studenti hanno aperto tutte le finestre

A dopo essermi informato.
B invece di spendere tutto ogni volta che esci con gli amici.
C senza chiedere permesso all'insegnante.
D prima di chiedere aiuto al professore.
E invece di guardare sempre dalla finestra.
F dopo aver messo in ordine la tua camera.
G prima di cenare.
H senza mangiare.

Scrivi la lettera giusta nella casella:

1	2	3	4	5	6	7	8
	G						

3 Tocca a te provare.
Prova a scrivere delle frasi come nell'esercizio sopra utilizzando **prima di, invece di, senza, dopo aver(e)/essere**.

Esempi: Prima di andare a letto, ho guardato un film alla televisione.
Invece di telefonare, ho mandato un'email.

_____
_____
_____
_____
_____
_____

4 Aggettivo o avverbio?
Scegli la forma corretta.

1 Mia sorella parla **buono/bene** l'italiano.
2 Questa torta è **buona/bene**.
3 Preferisco telefonare perché scrivo molto **male/cattivo**.
4 Oggi mi sento **cattivo/male**. Sto a casa.
5 La mia amica canta **buono/bene**.
6 Oggi il mio insegnante è di **cattivo/male** umore.

5 Formiamo gli avverbi!
Completa le frasi con l'avverbio formato dall'aggettivo.

Esempio: (Generale) mi sveglio alle otto.
▶ **Generalmente** mi sveglio alle otto.

Mi alzo (immediato) _____ . Mangio sempre (veloce) _____ la prima colazione. (Normale) _____ esco di casa alle otto e mezza. Il vicino mi dà (gentile) _____ un passaggio in macchina fino alla stazione.

Il viaggio in treno è (estremo) _____ comodo e (fortunato) _____ il treno arriva sempre in orario. Prendo (frequente) _____ il treno perché il viaggio in macchina è (particolare) _____ lento a causa del traffico intenso alla mattina. Quando esco dalla stazione vado (diretto) _____ all'ufficio dove lavoro. Arrivo (puntuale) _____ alle nove ogni giorno. Delle volte il mio lavoro è (incredibile) _____ noioso, altre volte invece è (vero) _____ interessante! Molto (breve) _____ questa è la mia routine giornaliera – fino alle cinque!

14.3 Un film che ho visto

14 Cosa ti piacerebbe fare?

1 La trama di un film.
Leggi la trama di questo film.

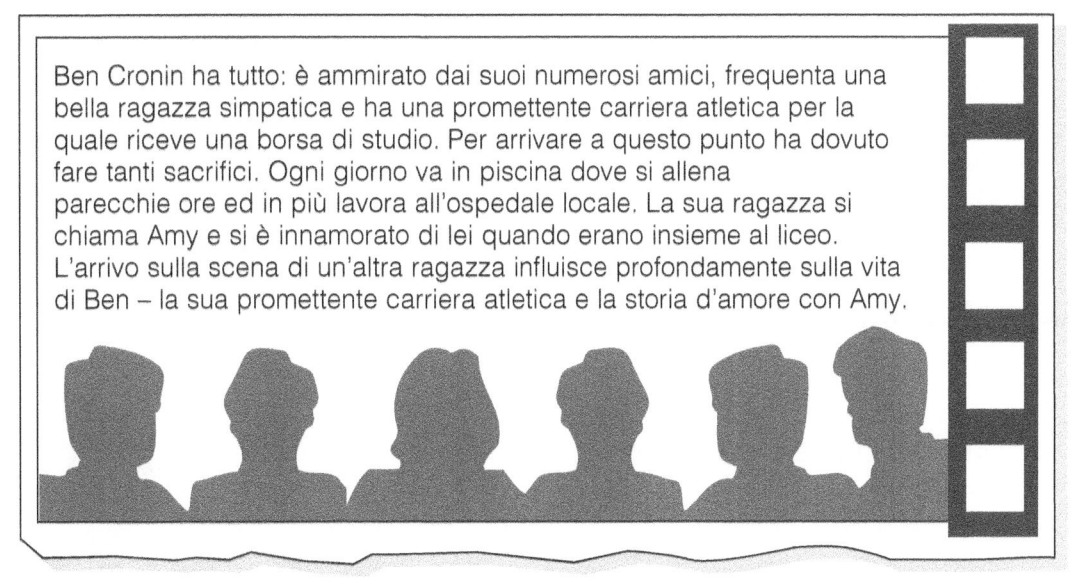

> Ben Cronin ha tutto: è ammirato dai suoi numerosi amici, frequenta una bella ragazza simpatica e ha una promettente carriera atletica per la quale riceve una borsa di studio. Per arrivare a questo punto ha dovuto fare tanti sacrifici. Ogni giorno va in piscina dove si allena parecchie ore ed in più lavora all'ospedale locale. La sua ragazza si chiama Amy e si è innamorato di lei quando erano insieme al liceo. L'arrivo sulla scena di un'altra ragazza influisce profondamente sulla vita di Ben – la sua promettente carriera atletica e la storia d'amore con Amy.

Indica se le affermazioni sono V (vere), F (false) o ? (se non sono indicate).

1 Gli amici ammirano Ben. ☐
2 Ben ha pochi amici. ☐
3 Ha la possibilità di diventare un ottimo atleta. ☐
4 Purtroppo, non riceve nessun aiuto finanziario. ☐
5 Passa molto tempo a nuotare ogni giorno. ☐
6 Lavora all'ospedale sei giorni alla settimana. ☐
7 Ha conosciuto Amy a scuola. ☐
8 Alla fine del film Amy e Ben si sposano. ☐

2 Andiamo al cinema!
Rispondi alle domande.

Esempio: ▶ Ogni quanto vai al cinema?
▷ Vado una volta al mese.

1 Che tipo di film ti piace? Perché?

2 Che tipo di film non ti piace? Perché?

3 Cosa preferisci fare, andare al cinema o guardare i film a casa? Perché?

4 Quando è l'ultima volta che sei andato/a al cinema?

5 Con chi sei andato/a?

6 Che film hai visto?

7 Che tipo di film era, ad esempio, dell'orrore, comico … ?

8 Di che cosa si trattava?

9 Come erano gli attori?

10 Ti è piaciuto il film? Perché sì/perché no?

15 Cosa vuoi comprare?
15.1 Un giro dei negozi

1 Quale negozio?
Trova i negozi nascosti!

1 rteiaolcar _____
2 iialbrer _____
3 faciaram _____
4 tnreaatepi _____
5 elmleriaac _____
6 epriaccasti _____
7 bhacaerctia _____
8 aeertiagl _____

2a Leggi! L'ipermercato.

Generi trattati
★ ortofrutta
★ pescheria
★ bar
★ edicola
★ macelleria
★ latteria
★ lavanderia
★ panificio
★ alimentari

AGEL

Giorni di apertura nel mese di luglio: dal 01 al 31
Orario di apertura nel mese di luglio: 08.00–21.00
Giorni di apertura nel mese di agosto: dal 01 al 31
Orario di apertura nel mese di agosto: 08.00–21.00

2b Rispondi in italiano.
1 Quali reparti contiene quest'ipermercato?
   _____
2 Quando è aperto nel mese di luglio?
   _____
3 Fino a che ora rimane aperto nel mese di agosto?
   _____

2c In quale reparto vai?
Vuoi comprare …
1 un giornale _____
2 del pesce _____
3 un pollo _____
4 un litro di latte _____

15 Cosa vuoi comprare?

3 Leggi! Gli svantaggi della chiusura dei piccoli negozi.

Problemi
- La chiusura di diversi piccoli negozi crea grossi problemi a molti cittadini, soprattutto agli anziani, che non riescono più a fare la spesa vicino alla propria casa.
- C'è poi il problema delle saracinesche abbassate di tutti i negozi chiusi.
- Sempre meno cittadini vengono nel centro città a fare la spesa.
- Molti piccoli negozianti sono disoccupati.

Soluzioni
- Il piccolo negozio può ancora avere un suo spazio ben preciso. In alcuni paesi si riaprono nuovi piccoli negozi, che vendono per esempio i prodotti alimentari di qualità che hanno bisogno di ambienti e di risorse umane che si trovano solo nel piccolo negozio.

| la saracinesca | shutter (of a shop) |

Rispondi in italiano.

1 Quali persone soffrono di più per la chiusura dei piccoli negozi?
_____

2 Perché ci sono tante saracinesche abbassate in città?
_____

3 Chi ha perso il lavoro?
_____

4 Che cosa si trova solo nel piccolo negozio?
_____

4 ⌒ Ascolta! Un'intervista.

Completa il brano con le parole dal riquadro. Attenzione! Ci sono delle parole in più!

Angela _____ alla pasticceria da 32 anni. L'arrivo del _____ ha significato meno _____ . Una delle principali cause della fortuna dei _____ è che negli ultimi decenni, le donne hanno cominciato a _____ sempre di più fuori casa. Oggi la gente trova, a qualsiasi _____ della giornata, tutto ciò che le serve in un solo _____ e non deve girare cinque o sei piccoli _____ . Si può fare la _____ più rapidamente. Con l'espansione del supermercato, molti piccoli commercianti hanno dovuto _____ . La disoccupazione è aumentata! Il supermercato non poteva dare lavoro ai _____ dei piccoli negozi.

Il vantaggio del negozio di Angela rispetto al supermercato è l'assistenza più diretta che fornisce ai clienti. Molti clienti sono anche _____ , mentre il supermercato ha un'atmosfera impersonale.

amici	clienti	lavoro	ore
aprire	disoccupati	negozi	spesa
chiudere	lavora	negozio	supermercati
cliente	lavorare	ora	supermercato

81

15.2 Abbigliamento

1 Scrivi! La sfilata di moda.
Come si chiamano i loro vestiti?

2 Il dialogo.
Metti in ordine la conversazione.

- Certo, ecco, signore. I camerini sono qui a destra.
- Quale misura?
- Posso provare quella in verde?
- Purtroppo no, l'abbiamo solo in giallo, verde e azzurro.
- La 42.
- Buongiorno, signore, desidera?
- Non mi piace il giallo. L'avete in rosso?
- Cerco una maglietta.
- Questa maglietta gialla è molto bella.

1 _____
2 _____
3 _____
4 _____
5 _____
6 _____
7 _____
8 _____
9 _____

15.3 Facciamo delle compere

15 Cosa vuoi comprare?

1 Shopping online.

A

Aldo-Style

Il negozio online di Aldo-Style dove acquistare tutti i nuovi vestiti e scegliere il modello più adatto alle tue esigenze.
www.aldo.it

B

Accessori per cellulari

Su IDEA puoi trovare tutto per collegare il cellulare al computer e al palmare: suonerie, sms, gestione rubrica e per usare il telefono come modem in GSM e GPRS.

www.idea.it

C

Lo specialista dello shopping online

Shopping online con consegna a domicilio in poche ore e quando vuoi tu a Milano, Torino, Brescia, Bergamo.

- prodotti alimentari
- biologici
- vini
- prodotti per animali

http://www.shopping.com

D

Trovalo! Migliaia di offerte!

Compra e vendi su Trovalo.
Nuovo e usato! Oggetti introvabili! Registrati gratis!
www.trovalo.it

Quale sito?

Esempio: Vorrei comprare una gonna. [A]

1 Vorrei collegare il telefonino al computer. ☐

2 Desidero fare la spesa settimanale online. ☐

3 Non hai potuto trovare un oggetto. ☐

4 Vuoi ordinare qualcosa per il tuo cane. ☐

83

15.3 Facciamo delle compere

2 I pronomi.

Scrivi delle frasi, come nell'esempio.

Esempio: ▶ Gli porti questa mela? Sì, gliela porto.

1 Gli porti questi biscotti? _____
2 Le offri un gelato? _____
3 Le offri dolci? _____
4 Mi incarti questo formaggio? _____
5 Ci incarti queste paste? _____

3 ⌒ Ascolta! Al mercato.

Ascolta e inserisci le parole mancanti.

▶ Buongiorno, signora.
▷ Buongiorno, signore. _____?
▶ Un chilo di _____, per favore.
▷ Quali? Queste o quelle?
▶ Quelle _____. Poi mi servono delle pere mature.
▷ Queste qui sono _____, signore.
▶ Sì, ne prendo _____. Poi vorrei mezzo chilo di _____ freschi per fare l'insalata.
▷ Ecco a Lei, signore. Altro?
▶ Sì, due chili di _____ e _____ chilo di spinaci.

| carote |
| cinque |
| desidera |
| mature |
| mele |
| mezzo |
| pomodori |
| rosse |

4 ✎ Scrivi! Quali negozi?

Dove preferisci fare la spesa? Nel supermercato o nei piccoli negozi? Perché? Quando fai la spesa? Ogni giorno, ogni settimana, il sabato, una volta al mese? Ci sono molti negozi vicino a casa tua? Quali?

_____
_____
_____
_____
_____
_____
_____
_____

16 Che tipo è?
16.1 Carattere e rapporti

1 Qual è l'aggettivo?

Scrivi l'aggettivo che deriva dal sostantivo, come nell'esempio.

Sostantivo	Aggettivo
gentilezza	gentile
cortesia	
pazienza	
superstizione	
pigrizia	
egoismo	
intelligenza	
ambizione	
curiosità	
fedeltà	
coraggio	
ottimismo	
onestà	
gelosia	

2 Pensaci bene!

Completa le frasi con la forma corretta dell'aggettivo.

> **ricorda**
>
> | M. Sing. | M. Pl. | F. Sing. | F. Pl. |
> |---|---|---|---|
> | buono | buoni | buona | buone |
> | triste | tristi | triste | tristi |
> | pessimista | pessimisti | pessimista | pessimiste |

Esempio: Queste ragazze sono _____ (egoista). ▶ Queste ragazze sono **egoiste**.

1 Bologna e Cagliari sono città molto _____ (bello).
2 Gli studenti nella mia classe d'italiano non sono per niente _____ (pigro).
3 Marco e Daniela sono veramente _____ (ambizioso).
4 Abbiamo un cane molto _____ (fedele). Ci segue dappertutto.
5 La mia amica non è molto _____ (paziente). Si arrabbia se l'autobus arriva in ritardo.
6 Si rimane sempre _____ (ottimista).
7 Secondo voi, fino a quanti anni si è _____ (giovane).
8 Si può essere _____ (bello), _____ (intelligente) e _____ (fedele) allo stesso tempo?

16.1 Carattere e rapporti

3 🎧 Ascolta! Come sono queste persone?

Ascolta queste persone e scegli un aggettivo dalla tabella dell'esercizio 1 a pagina 85 che descrive meglio ciascuna persona.

1 Giacomo _____
2 Carlo _____
3 Giulia _____
4 Giulietta _____
5 Pierino _____

4 Un/a partner ideale!

Leggi quello che dicono queste persone.

> Mi chiamo **Angelo**. Mi piace tanto fare sport per tenermi in forma. I miei amici mi dicono che sono molto buffo perché li faccio sempre ridere. Durante le vacanze faccio spesso il volontariato perché penso che sia importante aiutare gli altri che sono meno fortunati di noi.

> Sono **Giorgio** e faccio il rappresentante di una ditta di computer. Ogni giorno incontro molta gente ma nonostante lo stress del lavoro riesco a rimanere molto calmo. Vedo certi colleghi che divengono impazienti o si arrabbiano quando qualcosa non va bene. Io invece non mi arrabbio mai e mi dico che il giorno dopo andrà meglio. Bisogna essere positivi. Non serve a niente essere pessimisti!

> Il mio nome è **Elisa** e frequento l'ultimo anno della scuola superiore. Mi piace molto studiare e riesco sempre a prendere dei bei voti in tutte le materie. Vorrei andare all'università e, dopo essermi laureata, trovare un lavoro ben pagato che offra possibilità di promozione. Sono un tipo avventuroso. Ho voglia di fare tante cose prima di sposarmi e mettere su casa.

> Sono **Filippo**. Ho sempre preso sul serio i miei studi perché sono molto ambizioso. Finita la scuola, vorrei andare avanti con i miei studi. Mi piace tanto viaggiare e conoscere altri Paesi e altre culture. Ho un sacco di progetti in testa che vorrei realizzare mentre sono ancora giovane.

> Sono **Angela**. Voglio trovare un ragazzo che sia simpatico, socievole, sportivo e che abbia un buon senso dell'umorismo. Detesto le persone egoiste.

> Sono **Caterina** e lavoro da due anni alla reception di un albergo. Sono molto paziente, socievole e cortese ma bisogna avere queste qualità per il lavoro che faccio io. Sono allegra e rimango sempre ottimista anche quando le cose vanno male.

Secondo te, quali sarebbero le coppie ideali? Scrivi i nomi.

Angelo e _____
Giorgio e _____
Elisa e _____

16.2 Conflitti familiari

16 Che tipo è?

1 Ascolta! Queste persone parlano della scuola.
   Completa la tabella.

	☺	☹	Desiderio
Valentina	✓		Vuole più tempo libero/la settimana corta.
Simona			
Mauro			
Alessio			
Enrico			

2 Leggi l'articolo, poi trova il sostantivo nel testo e completa la tabella, come nell'esempio.

> La gente usa diversi termini per descrivere cosa la fa star bene. Per certi, potrebbe essere eccitamento, passione, libertà, sentirsi pieno di felicità e gioia. Per altri potrebbe essere pace, speranza, soddisfazione. Quando cancelli tutte le emozioni negative presenti nella tua mente, tutto ciò che rimane è felicità. Così, la felicità è tutto quello che senti quando nella tua mente non c'è dubbio, depressione, paura, preoccupazione, insoddisfazione, noia, vergogna, colpa, ansia, rabbia, stress, frustrazione, invidia e gelosia.

Aggettivo	Sostantivo
ansioso	ansia
colpevole	
depresso	
dubbioso	
felice	
invidioso	
noioso	
pauroso	
preoccupato	
soddisfatto	
stressato	
vergognoso	

87

16.2 Conflitti familiari

3a Leggi queste e-mail.

Rispondi Roberto, Matteo o Carla. Chi …

1 ha cercato lavoro senza successo? _Matteo_
2 ha cambiato un po' la sua apparenza? _____
3 è dedicato ai suoi studi? _____
4 vuole essere alla moda? _____
5 non vuole essere disoccupato? _____

Amici Chat

1 Cara Laura, sono un ragazzo di 18 anni. Abito in un paese molto piccolo. Due settimane fa, ho fatto un piercing sul sopracciglio e da allora sento un continuo sparlare nei miei confronti. Tutti si stupiscono, dicono 'com'è possibile, era un ragazzo tanto bravo …'. Io sono sempre lo stesso, anche se ho un buco in più. Ho solo voluto modificare il mio look per essere un po' più alla moda. **Roberto**

2 Cara Laura, sto finendo l'Esame di Stato in questi giorni, ma il mio pensiero è rivolto al dopo. In realtà, non mi è mai piaciuto studiare. Voglio lavorare, fare le mie otto ore, guadagnarmi i miei soldi e godermi il mio tempo libero. Il problema è che non è facile trovare lavoro. Non vedo l'ora di poter buttare i libri e rimpiazzarli negli scaffali con CD o giochi per computer, e già un paio di mesi fa ho fatto domanda in negozi per computer o cose del genere per trovare un lavoro come programmatore, come commesso o qualsiasi altra cosa. Non ho avuto molto successo e ho paura di finire l'Esame di Stato e non trovare lavoro. Avete qualche consiglio da darmi? **Matteo**

3 Cara Laura, ho un problema che sembra un po' strano per una ragazza di 15 anni: studio troppo. Passo tutto il mio tempo a studiare per essere preparata agli esami e per imparare il più possibile dalla scuola. I miei genitori, invece, insistono che io esca e mi diverta, ma a me uscire dalla camera dove studio non attira, tanto più che in verità non saprei che fare fuori. **Carla**

3b Ora abbina le e-mail (1–3) con le risposte (A–C).

A Probabilmente quando eri un bambino ritenevi il tempo del gioco come il più bello e interessante. Quando avrai 30, 40, 50 anni e oltre ti guarderai sicuramente indietro ricordando con nostalgia l'adolescenza. È possibile che le richieste che tu hai fatto finora non siano andate a buon fine perché non sei ancora diplomato, ma una volta che hai superato l'Esame di Stato questo ti darà qualche chance in più. Ricorda che quando compili il curriculum dovresti presentare i tuoi punti di forza in modo da far vedere come potresti essere utile all'azienda o al negozio a cui ti stai proponendo. Un'ultima cosa: come dici tu, oggi non è facile trovare lavoro. Però il primo lavoro che troverai non sarà forse quello ideale, ma qualsiasi esperienza lavorativa può esserti utile. In bocca al lupo!

B A che serve studiare tanto se poi non hai il tempo di vivere ciò che impari? Affrontare bene oggi le prove scolastiche non ti dà solo la misura di quante cose conosci, ma può diventare anche utile per affrontare le responsabilità lavorative. I compagni di classe un domani saranno i colleghi di lavoro. Ti sei mai chiesto come mai per te lo studio è così importante? Hai difficoltà a trovare amici? Hai paura di staccarti dai libri? Prova ad uscire – se poi non ti piace, potresti sempre tornare alle vecchie abitudini!

C Caro amico, penso che talvolta dietro ai pregiudizi si nasconda la difficoltà a capire, a dare un senso a certe cose. In fin dei conti, tu lo spieghi bene quando dici fare un buco sul sopracciglio è un modo per appartenere al gruppo dei tuoi coetanei. Se le tue idee e i tuoi valori non sono cambiati dovresti probabilmente seguire il consiglio della Divina Commedia 'Non ti curar di loro ma guarda e passa avanti'. Dare troppo peso alle chiacchiere alimenta pregiudizi non veri. Ciao e in bocca al lupo!

16.3 Matrimonio e figli

1 🎧 Ascolta! Storie d'amore.

1 Alessia si sposa …
   A fra due anni.
   B a giugno.
   C a luglio.
   D fra due mesi.

Scrivi la lettera giusta nella casella. ☐

2 Alessia vuole sapere come …
   A incontrare il principe azzurro.
   B chattare.
   C prepararsi alla cerimonia.
   D organizzare una chat.

Scrivi la lettera giusta nella casella. ☐

3 Maurizio ha
   A 43 anni.
   B 35 anni.
   C 25 anni.
   D 33 anni.

Scrivi la lettera giusta nella casella. ☐

4 Maurizio e Elisa sono …
   A felicissimi.
   B depressi.
   C antipatici.
   D gelosi.

Scrivi la lettera giusta nella casella. ☐

5 I genitori di Elisa non …
   A hanno voglia di venire alla cerimonia.
   B vogliono bene ad Elisa.
   C guadagnano abbastanza soldi.
   D sono scontenti.

Scrivi la lettera giusta nella casella. ☐

2 Qual è il verbo giusto?

Completa le frasi con la forma corretta del verbo giusto: **potere**, **sapere** o **conoscere**.

Esempio: Voi _____ questo ragazzo?
▶ Voi **conoscete** questo ragazzo?

1 Mi dispiace, non si _____ fumare in classe.
2 Tu _____ che abbiamo un esame oggi?
3 Ragazzi, _____ fare quello che volete.
4 Scusi signora, _____ a che ora parte il treno?
5 Mamma, perché hai dato questa rivista a Gianni? Poverino, ha solo tre mesi e non _____ ancora leggere.
6 Quest'anno abbiamo deciso di andare in Sardegna. Non _____ quest'isola.
7 Io e la mia amica non _____ venire al ristorante perché abbiamo un altro impegno.
8 Professoressa, _____ fare una domanda?
9 Né Mario né sua moglie _____ cucinare. Ecco perché mangiano sempre fuori.
10 Noi _____ bene la coppia giovane che abita nella casa di fronte.

89

17 Il nostro ambiente
17.1 Tipi di inquinamento

1 Quante combinazioni!

Quante combinazioni di parole puoi trovare?

Esempio: l'inquinamento dell'aria

l'inquinamento	chimica
il buco	dell'aria
l'effetto	nucleari
i gas	domestici
i problemi	tropicali
l'industria	dell'ozono
la pioggia	serra
le industrie	solare
i rifiuti	dell'acqua
le foreste	ambientali
le centrali	acida
la luce	di scarico
	farmaceutiche

2 Una coppia ideale!

Abbina una frase della colonna A con una frase della colonna B che ne completi il senso e scrivi la frase intera.

A
1. Gli automobilisti hanno protestato perché …
2. Alla fine, il passante ha buttato per terra la carta perché …
3. C'era un divieto di balneazione perché …
4. Certi prodotti agricoli erano nocivi alla salute perché …
5. La zona non era bella come dieci anni fa perché …

B
a. degli scarichi industriali erano andati a finire nel mare.
b. avevano costruito troppi palazzi lungo la costa.
c. non aveva potuto trovare un bidone.
d. avevano chiuso il centro al traffico.
e. gli agricoltori avevano usato troppi fertilizzanti.

Esempio: 1 – d Gli automobilisti hanno protestato perché avevano chiuso il centro al traffico.

17 Il nostro ambiente

3 Leggi! L'inquinamento dell'aria e dell'acqua.

L'inquinamento atmosferico

Gli ossidi di azoto emessi dalle auto diventano nell'atmosfera acido nitrico. La pioggia acida (acido solforico ed acido nitrico) piove sulle nostre teste, ed inquina le terre e le acque. Nelle città, non si salvano nemmeno i monumenti.

Uno dei metalli più pericolosi è il mercurio contenuto nelle pile, negli insetticidi e negli scarichi delle industrie farmaceutiche.

L'inquinamento dell'acqua

Le centrali termoelettriche e nucleari, per raffreddare i loro impianti, prendono l'acqua dai fiumi, scaricandola calda.

Il petrolio proviene spesso da incidenti a petroliere o dal lavaggio delle cisterne delle navi trasportatrici. Il greggio che si deposita sulle piume degli uccelli li rende incapaci di volare.

Il greggio – petrolio non raffinato

Indica se queste affermazioni sono V (vere), F (false) o ? (se non sono indicate).

Esempio: Le macchine sono responsabili dell'acido nitrico nell'aria. [V]

1 La pioggia acida non ha nessun effetto sui monumenti. ☐

2 Tutti i farmaci contengono il mercurio. ☐

3 Le centrali nucleari scaricano l'acqua fredda. ☐

4 Gli uccelli non possono volare se hanno il greggio sulle piume. ☐

4 Che bravi!

Metti i verbi tra parentesi al trapassato prossimo, come nell'esempio.

Stamattina a scuola, Elena mi ha raccontato quello che _aveva fatto_ (fare) al fine settimana. Lei e un gruppo di amici che appartengono ad un'associazione ambientalista _____ (alzarsi) presto e _____ (partire) in bicicletta per un paesino sul mare. Una volta arrivati, _____ (mettersi) a pulire la spiaggia. Dalle dieci di mattina alle sei di sera, _____ (riempire) più di trenta sacchetti di rifiuti vari. _____ (raccogliere) per esempio giornali, riviste, cartone, bottiglie di plastica e di vetro, lattine. _____ (fermarsi) solo mezz'ora per mangiare i panini che _____ (portare) con loro. Invece di tornare subito a casa, Elena e gli amici _____ (dormire) in un ostello della gioventù. Domenica mattina _____ (partecipare) ad una caccia al tesoro in bicicletta per attirare l'attenzione degli abitanti della zona sull'importanza di proteggere il nostro ambiente. Secondo Elena, _____ (essere) un'esperienza molto positiva. _____ (lavorare) molto ma _____ (divertirsi) anche.

5 🎧 Ascolta per confermare le tue risposte.
Correggi le risposte sbagliate.

91

17.2 Il riciclaggio

1 ◯ Ascolta! Ambientalista? Sì o no?
Segna con ✓ o ✗ se le persone che parlano sono ambientaliste o no, come nell'esempio.
Motiva la tua risposta.

	Sì ✓	No ✗	Ragione
1		✗	Usa sempre la macchina
2			
3			
4			
5			
6			

2 Una questione impersonale!
Completa queste frasi con **c'è**, **ci sono**, **bisogna**, o **è**.

Esempio: _____ proteggere il nostro ambiente. ▶ **Bisogna** proteggere il nostro ambiente.

1 _____ importante fare qualcosa adesso, prima che sia troppo tardi.
2 _____ troppi rifiuti.
3 _____ ridurre la quantità di rifiuti che produciamo.
4 _____ troppo traffico.
5 _____ necessario incoraggiare più gente ad usare i mezzi pubblici.

3 Che sciocchezze!
Queste frasi non hanno senso. Riscrivile come nell'esempio.

1 Se vogliono risparmiare elettricità, **è necessario creare più zone pedonali e vietare il traffico**.   *bisogna spegnere la lampada quando hanno finito di leggere*

2 Per non inquinare l'aria con i gas di scarico, **bisogna avere mezzi pubblici più frequenti e meno costosi.**

3 Quando facciamo la spesa, **è importante creare più piste ciclabili.**

4 Per proteggere il centro storico, **bisogna spegnere la lampada quando hanno finito di leggere.**

5 Anch'io userei meno la macchina ma a due condizioni, **è essenziale che riusiamo gli sacchetti di plastica se vogliamo aiutare l'ambiente.**

6 Sia in città che in campagna si deve incoraggiare di più l'uso della bicicletta e quindi, **è importante lasciare la macchina a casa ogni tanto e camminare.**

17.3 Problemi ambientali della zona — 17 Il nostro ambiente

1 Progetti delle autorità.

Ecco la lista di progetti delle autorità locali per proteggere e migliorare l'ambiente. Trasforma i verbi al passivo futuro, come nell'esempio.

Esempio: Riciclare tutta la carta. ▶ Tutta la carta **sarà riciclata**.

1 Ridurre il costo del trasporto pubblico in città.
2 Creare più zone pedonali.
3 Piantare più alberi e fiori.
4 Aumentare il numero di piste ciclabili.
5 Vietare la caccia agli animali in via d'estinzione.
6 Costruire più parcheggi fuori città per i turisti.

2 Che meraviglia!

Nel giro di due anni tutti i progetti **sono stati realizzati**. Trasforma tutti i verbi dell'esercizio precedente, come nell'esempio.

Esempio: Tutta la carta **è stata riciclata**.

1 _____
2 _____
3 _____
4 _____
5 _____
6 _____

3 Una decisione da prendere.

Completa queste frasi con **quello che** o **che cosa**.

1 _____ fate voi per aiutare l'ambiente?
2 _____ mi interessa è il costo del progetto.
3 Non sappiamo ancora _____ intendono riciclare.
4 _____ fanno i vari gruppi ambientalisti è importante.
5 _____ vogliono fare in questa città?

17.3 Problemi ambientali della zona

4 Un progetto ambientale.

a) Leggi le informazioni che Stefano ti ha mandato sull'ambiente e rispondi alle domande.

Amici Chat

Ho trovato delle informazioni che saranno utili per il nostro progetto. Anche se la raccolta differenziata è aumentata perché abbiamo molti contenitori per il vetro, la carta ecc. purtroppo la maggior parte di questi rifiuti non è riciclata.

Più italiani muoiono ogni anno per inquinamento dell'aria che per incidenti stradali. Nelle grandi città come Milano, Roma e Torino l'inquinamento atmosferico è a volte molto pericoloso e la gente che ha problemi cardiaci o respiratori sono consigliati di rimanere in casa. La popolazione anziana è sempre più a rischio. Oggigiorno ci sono molti più bambini che soffrono di asma e questo è causato in gran parte dall'aria inquinata che respirano. Il mondo è minacciato dal cambiamento climatico. Secondo molti esperti questo cambiamento è stato causato dall'inquinamento dell'aria.

Il nostro progetto servirà a sensibilizzare i nostri coetanei sui problemi. Se vogliamo crescere in un ambiente sano e pulito, dobbiamo fare qualcosa prima che sia troppo tardi. Bisogna avere macchine ecologiche, cibo senza fertilizzanti e insetticidi. Dobbiamo produrre meno rifiuti e quelli che produciamo devono essere riciclati. Se vuoi ulteriori informazioni puoi contattare: info@amicidellaterra.org

Stefano

1. Che cosa è aumentato e perché? _____
2. Che cosa causa più morti? _____
3. Chi è consigliato di non uscire di casa e perché? _____
4. Quale è la malattia della quale soffrono molti bambini? _____
5. Da che cosa è minacciato il mondo? _____
6. Che cosa causa questo fenomeno? _____
7. Secondo Stefano, come si potrebbe migliorare l'ambiente? _____

Sostantivo	Verbo	Aggettivo
	raccogliere	
riciclaggio		
morte		
strada		
	inquinare	
atmosfera		
pericolo		
respiro		
	rischiare	
	cambiare	
clima		
ecologia		
produzione		

b) Rileggi l'articolo e completa la tabella. Non scrivere niente nelle caselle più scure.

c) Completa le frasi con parole appropriate dalla tabella.

1. Molta gente anziana ha problemi _____ .
2. Questi problemi sono causati dall'inquinamento _____ .
3. Oggi si parla molto del _____ climatico.
4. Vorrei avere una macchina _____ .
4. _____ l'aria inquinata è pericoloso.
6. La _____ differenziata è molto comune nella nostra zona.

94

18 La formazione permanente
18.1 Il sistema d'istruzione

1 Una prova di vocabolario!

Completa queste frasi con una parola appropriata scelta dal riquadro.

Esempio: La scuola d'infanzia non è _____ .

▶ La scuola d'infanzia non è **obbligatoria**.

1 La mia sorella minore ha sette anni e frequenta la scuola _____ . A quattordici anni, andrà ad una scuola _____ .
2 Il mio fratello maggiore va all'università e spera di _____ l'anno prossimo.
3 La _____ che mi piace di più è la storia. Per il mio ultimo tema, l'_____ mi ha dato otto su dieci, un bel _____, vero?
4 Ci sono venticinque studenti nella mia _____ . Non c'è molto spazio per muoversi perché l'_____ è abbastanza piccola.
5 Stasera, devo studiare perché domani mattina ho una _____ scritta in italiano.
6 Lunedì il nostro _____ scolastico è molto pesante. Ho cinque ore di mattina e due di pomeriggio.

voto
orario
prova
aula
secondaria
classe
laurearsi
insegnante
primaria
obbligatoria
materia

2 Ascolta! Studenti universitari.

Ascolta Alessandra e Daniela che parlano della vita universitaria. Metti le affermazioni nella colonna giusta.

vanno spesso lontano da casa
abitano a casa
devono pagare l'affitto
devono trovare lavori stagionali
lasciano l'università con molti debiti
sono mantenuti dai genitori
si iscrivono all'università più vicina
non devono pagare il costo del vitto e alloggio

Gli studenti universitari	
In Italia	In Inghilterra
	vanno spesso lontano da casa

95

18.1 Il sistema d'istruzione

3 Riflessioni!

Metti i verbi tra parentesi al congiuntivo presente, come nell'esempio.

Esempio: Penso che Salvatore **studi** lo spagnolo (studiare).

1. L'insegnante pensa che io _____ (essere) molto bravo in lingue.
2. Non credo che Giovanna _____ (venire) a scuola oggi perché non sta bene.
3. Spero che Giovanna _____ (stare) meglio domani.
4. I miei compagni pensano che i nostri insegnanti _____ (essere) molto simpatici.
5. Non credo che i miei insegnanti _____ (avere) molta pazienza.
6. La mia mamma vuole che io _____ (fare) i compiti prima di uscire
7. Il mio babbo vuole che io _____ (mettere) in ordine la mia camera.

4 Rispondi alle domande.

1. Scrivi un vantaggio e uno svantaggio di andare all'università vicino a casa.
2. Secondo te, è giusto dover contribuire al costo dell'istruzione universitaria? Giustifica la tua risposta.
3. Pensi che l'istruzione sia importante per trovare un buon lavoro? Giustifica la tua risposta.

5 Ordini.

Trasforma l'imperativo dal **tu** al **Lei**.

Esempio: Leggi la prima frase. ▶ **Legga** la prima frase.

1. Ascolta bene.
2. Cerca la parola sul dizionario.
3. Dammi la matita.
4. Alzati un momento.
5. Vedi pagina venticinque.
6. Dimmi.
7. Chiudi la porta, per favore.
8. Sta' fermo.
9. Finisci questo esercizio.
10. Fammi vedere.

6 Leggi! Come si può conquistare la simpatia degli insegnanti?

a) Segna con ✓ cinque regole da seguire.

Esempio: Seguite sempre le istruzioni. ✓

1. Non fate mai complimenti in nessun'occasione. ☐
2. Fate finta di essere interessati anche se le lezioni sono noiose. ☐
3. Ridete sempre quando l'insegnante racconta una barzelletta, anche se non la capite. ☐
4. Cercate di prendere brutti voti in tutte le materie. ☐
5. Chiedete scusa quando arrivate in ritardo per la lezione. ☐
6. Aiutate i professori a portare i loro libri quando cambiano classe. ☐
7. Mandate messaggi SMS durante le lezioni. ☐
8. Alzate la mano quando volete fare una domanda. ☐

b) Rispondi alla domanda.

Cosa fai tu per conquistare la simpatia dei tuoi insegnanti?

Esempio: Arrivo sempre in orario per le mie lezioni.

18.2 L'importanza degli esami

1 Un po' di traduzione!
Traduci le seguenti frasi in inglese.

1 Quelli che abitano vicino alla scuola arrivano sempre in ritardo.

2 L'insegnante aiuta chi ha difficoltà.

3 Chi va a scuola a piedi?

3a Che paura!
Leggi l'e-mail di Alessio.

> Ciao a tutti,
>
> vi voglio raccontare un po' dell'Esame di Stato. Che paura! Quest'anno c'era una grossa novità e l'angoscia era ancora maggiore poiché si parlava dell'Esame di Stato per la prima volta. Fin dal primo giorno di scuola, ci raccomandavano di studiare sempre perché l'esame riguardava tutte le materie e non potevamo permetterci di ignorarne alcuna.
>
> Io avevo capito che dovevo rimanere calmo e cercare di fare del mio meglio. Pian piano, ho ripassato quasi tutto e così, non sentendomi molto sicuro, il 24 giugno è venuta la volta del tema; il 25 della prova d'economia aziendale ed il 28 della terza prova che, nel mio caso, comprendeva matematica, francese ed informatica. Sentivo un nodo alla gola.
>
> Il 6 luglio è stata la volta degli orali. Ero pronto, avevo preparato l'Area di Progetto, e, la mattina degli orali, munito di CD e di computer, ho presentato il mio lavoro. All'inizio mi tremava la voce e lo trovavo difficile a tenere ferma la mano sul mouse. Mentre parlavo non riuscivo a controllare quello che dicevo. Avevo imparato a memoria tutto quello che dovevo dire, ma quando mi sono seduto di fronte a quel computer ho dimenticato ogni parola! Dentro di me allora ho detto: o fai scena muta oppure esponi tutto quello che sai a parole tue. Sapevo che calmandomi mi sarei ricordato di tutto. Finita l'esposizione, i docenti mi hanno fatto i complimenti per l'ottima preparazione. Ho telefonato subito ai miei genitori! Erano molto contenti!
>
> Alle prossime vittime di qualsiasi altro esame consiglio di mantenere la calma! In bocca al lupo!
>
> Alessio

2 Quale scegliere?
Riscrivi queste frasi con la forma corretta, **quelli che** o **chi**.

Esempio: Non sopporto chi/quelli che parlano sempre durante la lezione. ▶ Non sopporto **quelli che** parlano sempre durante la lezione.

1 Chi/Quelli che prendono dei bei voti sono bravi.

2 Quelli che/chi non studia è pigro.

3 Chi/Quelli che disturbano gli altri durante la lezione sono indisciplinati.

4 Chi/Quelli che si iscrive all'università deve contribuire al costo degli studi.

3b Rispondi alle domande.

1 Come si sentiva Alessio prima dell'esame?

2 Quali materie doveva ripassare?

3 Qual era la data del suo primo esame?

4 Quale lingua imparava?

5 Quali esami faceva a luglio?

6 Come sappiamo che era nervoso?

4 Un'esperienza simile!
Scrivi un resoconto di una tua esperienza di esami e includi i seguenti punti:

- le materie che dovevi studiare
- l'orario degli esami
- la tua preparazione
- il tuo stato d'animo prima degli esami
- il tipo di esami (orali/scritti)
- i risultati finali
- come hai festeggiato la fine degli esami

18.3 Gli adulti e la formazione permanente

1 Una questione di identificazione!

a) Qual è l'infinito del verbo in neretto?

Esempio: Aprirono la Facoltà di Medicina due anni fa. (**aprire**)

1 Il mio amico mi **diede** il suo dizionario. _____
2 Gli studenti **scrissero** un tema sul Rinascimento. _____
3 Mia sorella **fece** un corso sull'architettura greca. _____
4 L'insegnante mi **chiese** di ripetere la domanda. _____
5 Marco **entrò** in classe. _____
6 Il poeta **nacque** nel 1792. _____
7 Giulia e Antonio si **laurearono** in matematica. _____
8 Mia cugina **decise** di diventare traduttrice. _____

b) Trasforma i verbi dell'esercizio precedente dal passato remoto al passato prossimo.

Esempio: Aprirono ▶ Hanno aperto la Facoltà di Medicina due anni fa.

1 _____
2 _____
3 _____
4 _____
5 _____
6 _____
7 _____
8 _____

2 ◯ Studenti all'università della Terza età.

Ascolta queste persone che parlano delle loro esperienze.
Scrivi **Antonio, Annarosa** o **Paola**. Chi ...

1 aveva un imbarazzo di scelta? _____
2 studia una lingua straniera? _____
3 vuole trovare lavoro dopo avere finito il corso? _____
4 vuole utilizzare la materia studiata durante una visita all'estero? _____
5 ha scelto un corso per tenersi in forma? _____
6 ha lavorato per la stessa azienda per quasi trenta anni? _____

3 Leggi! Un'opportunità da non sprecare.

Se quando si è giovani il tempo libero è molto ricercato, nella terza età può diventare un'occasione sprecata o associata alla noia. Le più attive sono spesso le donne che guardano con entusiasmo il tempo libero, mentre gli uomini in pensione lo vedono più volte come un problema. Le attività più seguite dalle persone in pensione sono i seguenti:

❖ Lo sport e non solo pesca o bocce. Gli uomini fanno jogging o vanno in bicicletta; le donne preferiscono il nuoto, la ginnastica, il ballo.

❖ Il volontariato. Le aree di intervento comprendono gli anziani, i poveri, i malati, gli handicappati psichici e gli immigrati, i giovani, le ragazze madri e i detenuti.

❖ Frequentare corsi vari, soprattutto nelle Università della terza età. I corsi che si possono frequentare sono centinaia e variano dalle materie classiche come la storia dell'arte e l'archeologia, alle nuove tecnologie con corsi di informatica e Internet. Ci si può dedicare alla pratica dello yoga, al teatro, alle tecniche di fotografia, alla pittura, al canto.

Rispondi alle domande.

1 Chi è contento di avere il tempo libero?

2 Quali sono gli sport preferiti degli uomini in pensione?

3 Cosa vuole dire 'una ragazza madre'?

4 Perché è così difficile scegliere un corso?

5 Se una persona in pensione vuole imparare di più sulle nuove tecnologie, quale corso suggerisci?

6 Quale corso sceglieresti tu? Perché?

7 Pensi che l'istruzione permanente sia una buon'idea? Perché?

19 Problemi sociali
19.1 La dipendenza

1 Un'intervista. *CD 6 Track 17*

Ascolta Gianpaolo che intervista la Professoressa Bianchi, che lavora con giovani fumatori. Segna con ✓ le quattro frasi vere.

1. I giovani fumatori in Italia sono numerosi. ☐
2. Più di un quinto dei fumatori ha tra i 15 e i 34 anni. ☐
3. Molte ragazze giovani che fumano abitano nelle zone urbane. ☐
4. I rischi per la salute sono più alti se si comincia a fumare a 25 anni. ☐
5. Il fumo causa malattie respiratorie. ☐
6. Il fumo passivo non ha nessuna influenza sulla decisione di fumare. ☐
7. I genitori condizionano poco il comportamento dei figli. ☐
8. È la madre che esercita più influenza sul comportamento dei figli. ☐

2 Leggi! Aumentiamo il prezzo!

L'aumento del prezzo delle sigarette è un disincentivo per gli adolescenti. Secondo uno studio del Parlamento Europeo, più le sigarette sono costose, meno i giovani si avvicinano al tabacco. Un aumento delle tasse imposte sulle sigarette è associato a una riduzione del consumo di pacchetti.

I motivi principali per aumentare le tasse sul tabacco sono: scoraggiare il consumo di tabacco (in particolare tra i giovani), contribuire a finanziare il programma di spesa del governo, pagare i danni provocati dal tabacco.

a) Scrivi il contrario.

Esempio: aumento ▶ riduzione

1. incentivo _____
2. a buon mercato _____
3. si allontanano _____
4. ridurre _____
5. incoraggiare _____

b) Answer these questions in English.

1. What would be the main benefit of increasing cigarette prices?
   _____
2. In what way could this extra money be used?
   _____

c) Metti al presente i verbi tra parentesi.

Esempio: Il governo _____ (scoraggiare) il consumo di tabacco. ▶ Il governo **scoraggia** il consumo di tabacco.

1. Il governo _____ (aumentare) le tasse.
2. I giovani _____ (consumare) molte sigarette.
3. Le tasse _____ (contribuire) a finanziare il programma di spesa del governo.
4. Noi _____ (pagare) i danni provocati dal tabacco.

3 Leggi! I benefici per chi smette.

a) Scrivi la forma giusta dell'aggettivo tra parentesi, come nell'esempio.

A qualsiasi età si smette di fumare, si migliora la qualità della vita, con meno rischi per la _propria_ (proprio) salute e per quella della propria famiglia. Avrà l'alito più _____ (fresco), i denti più _____ (bianco), il migliore aspetto _____ (fisico). I vestiti, la casa e l'auto saranno meno _____ (puzzolente).
I danni prodotti dal fumo dipendono da _____ (quanto) anni si fuma e _____ (quanto) sigarette sono state fumate. Fortunatamente, il nostro corpo possiede delle _____ (enorme) capacità di recupero. Già _____ (poco) mesi dopo aver smesso di fumare, il rischio di malattie _____ (polmonare) e _____ (cardiovascolare) diminuisce rapidamente. Per eliminare l'eccesso di rischio di malattie tumorali, c'è bisogno di più tempo: da 10 a 15 anni.

b) Rispondi alla domanda.

Dopo aver letto questo brano, quali sono gli aspetti più spiacevoli del fumo per te?

_____
_____
_____
_____

19 Problemi sociali

4 Leggi! Un sostituto della comunicazione reale?

Telefonini e social network rappresentano per i giovani comunicazione e rapporto con gli altri. È chiaro che attraverso chat, forum e messaggi SMS è nato un nuovo tipo di comunicazione, concisa e veloce. Ma che tipo di comunicazione si esprime attraverso i messaggi SMS di uno smartphone?

Ogni strumento (a partire dalla TV, fino ai social network e quant'altro) porta con sé dei rischi: passare molto tempo in una quasi completa immobilità può portare, per esempio, a obesità. Un uso eccessivo di pc o smartphone, rende difficile la concentrazione per lo studio e ostacola la memoria e la creatività. Nell'elenco dei possibili danni ci sono anche insonnia, comportamenti aggressivi e disturbi dell'attenzione, fino alla vera e propria dipendenza.

Quanto alle raccomandazioni: limitare il tempo di utilizzo di questi strumenti e non lasciare gli adolescenti soli nel loro utilizzo, sia che si tratti di TV o di internet. Bisogna suscitare l'interesse e l'entusiasmo degli adolescenti per altre attività e dimensioni della vita, quali la lettura, la musica, il gioco, la scoperta della natura e dell'arte, e l'attività sportiva.

Riempi la tabella:

I vantaggi dei telefonini e dei social network	Gli svantaggi dei telefonini e dei social network	Raccomandazioni

5 Leggi! Le persone senza fissa dimora.

Persone senzatetto, senza casa o senza fissa dimora (per le quali è usata a volte la parola francese clochard o l'inglese homeless), comunemente chiamate barboni, sono persone che per lungo tempo non hanno un luogo fisso di residenza. Spesso, le persone senza fissa dimora riescono a ottenere un lavoro ma, prima di avere il loro primo salario, potrebbe passare fino a un mese.

Durante quel periodo hanno bisogno di un posto dove poter vivere. Un dormitorio comunale potrebbe essere loro d'aiuto. Puoi diventare volontario di un'associazione che aiuta le persone senza fissa dimora. Infatti, queste associazioni hanno bisogno di volontari in modo da poter raccogliere più soldi possibili per aiutare queste persone.

Rispondi alle domande.

1 Quali parole vengono usate per indicare una persona senza fissa dimora?

2 Se queste persone trovassero un lavoro, quale altra difficoltà hanno?

3 Perché le associazioni che aiutano le persone senza fissa dimora hanno bisogno di volontari?

19.2 Le stragi del sabato sera

1 Leggi! Le discoteche: colpevoli delle stragi del sabato sera?

A Già dal 1988, si cominciò a parlare di stragi del sabato, ma da allora ad oggi la situazione non è di molto cambiata. Per cercare di capire meglio il fenomeno, bisogna pensare alla discoteca. La discoteca, infatti, rappresenta per molti giovani non tanto un locale da ballo, quanto un palcoscenico dove cercare un'identità; una passerella dell'esibizionismo. Un ragazzo, che ad esempio a scuola colleziona brutti voti, improvvisamente all'interno della discoteca diviene il 'primo della classe' o 'qualcuno' e viene messo al centro dell'attenzione.

B Una seconda e importante considerazione riguarda la musica: la buona musica rende la vita piacevole e rilassante. Di contro, la musica aggressiva rende il cervello fragile e incapace di difendersi. La musica da discoteca richiama vecchi riti tribali, che avevano la funzione di eccitare le persone. L'effetto musica, dunque, ha un ruolo estremamente importante nella psicologia dell'individuo che frequenta la discoteca. Altra considerazione riguarda le luci ed in particolare quelle psichedeliche, che attraverso flash penetrano nel buio del locale.

C A queste condizioni, si aggiungono poi 'stimoli' esterni quali l'alcol e le droghe. Le droghe oggi maggiormente in voga sono la cocaina e le anfetamine. Ad esse si associano le droghe chimiche, come ad esempio l'ecstasy, che rappresentano un vero pericolo per il cervello.

D Infine, occorre parlare del vero responsabile delle stragi stradali di fine settimana: il colpo di sonno! Il nostro fisico, è intrinseco nella sua natura, deve lavorare ma anche riposare. Attorno alle 5 di mattina, una persona che non riposa è stanca a tal punto che diventa difficile compiere qualsiasi azione. Per finire si può affermare che molti giovani, giunti a fine nottata o nel primissimo mattino, si trovino nelle condizioni ideali per rimanere vittime di colpi di sonno e delle cosiddette 'stragi del sabato sera'.

Abbina ogni frase al paragrafo giusto. Scrivi la lettera giusta nella casella.

Esempio: La stanchezza   D

1 Le luci psichedeliche ☐
2 Pericoli di stimolanti ☐
3 La causa degli incidenti stradali ☐
4 Esibizionisti ☐
5 Gli effetti positivi e negativi della musica ☐
6 Difficoltà con gli studi ☐

2 Ascolta! Un'intervista.

Ascolta l'intervista con Mauro Alessi e completa la tabella.

1 Numero di morti in incidenti stradali ogni anno	6.500
2 Numero di feriti in incidenti stradali ogni anno	
3 Numero di vittime delle stragi del sabato sera	
4 Luogo dove si dovrebbe parlare della sicurezza stradale	
5 Le discoteche dovrebbero fare una campagna contro	
6 Le discoteche dovrebbero vietare	
7 Le discoteche dovrebbero mettere a disposizione	
8 I ragazzi dovrebbero accettare passaggi solo da	

19.3 Aiutiamo gli altri!

19 Problemi sociali

1 Leggi! Violenza negli stadi.

> Ho sempre amato il calcio. Quando ero più giovane, mi piaceva tanto giocare. Adesso mi piace vederlo in televisione, mi piace ascoltarlo alla radio e mi piace parlarne. Domenica scorsa sono andato a vedere una partita per la prima volta dopo non so quanti anni e devo dire che sono rimasto molto deluso e sconvolto. Durante la partita c'erano migliaia di ragazzi – si chiamano gli ultras – che combinavano atti seri di violenza e razzismo. Se la prendevano con gli uomini in divisa ed i tifosi dell'altra squadra. Secondo me, mescolano l'amore per la propria squadra con la rabbia e l'intolleranza. Gli ultras sono davvero un problema per la sicurezza negli stadi e fuori dagli stadi. Ma sono anche un problema per noi tutti. La violenza è intollerabile e non ha niente a che vedere con il calcio. D'ora in poi continuerò a vedere il calcio in televisione ed ascoltarlo alla radio ma non andrò mai più allo stadio. Non mi sono reso conto che costa così tanto andare a vedere una partita. Ma si capisce quando si tiene conto di quanto guadagnano i calciatori oggi. A mio parere, sono pagati troppo. Cosa ne pensate voi?
> Sandro

Scegli la risposta giusta. Scrivi la lettera giusta nella casella.

1 Sandro ...

A detesta il calcio.   **B** gioca ancora a calcio.   **C** va spesso allo stadio.   **D** è appassionato di calcio. ☐

2 L'esperienza di Sandro era ...

A positiva.   **B** difficile da spiegare.   **C** negativa.   **D** divertente. ☐

3 Gli ultras si comportano in maniera ...

A spiacevole.   **B** comica.   **C** piacevole.   **D** responsabile. ☐

4 Gli ultras provocano problemi ...

A solo durante la partita.   **B** mai.   **C** solo dopo la partita.   **D** durante e dopo la partita. ☐

2 Come combattere la violenza negli stadi.

a) Abbina le due parti delle frasi come nell'esempio.

1 Secondo me, bisogna installare ...
2 La polizia dovrebbe arrestare ...
3 Penso che sia importante controllare ...
4 Bisogna imporre ...
5 A mio parere più partite dovrebbero ...

A la distribuzione dei biglietti.
B più videocamere negli stadi.
C essere giocate a porte chiuse.
D subito gli ultras più violenti.
E multe più severe.

1	2	3	4	5
B				

b) Rispondi alle domande.

Sei andato/a ultimamente a vedere una partita di calcio o un altro sport? Descrivi l'esperienza.

Cosa pensi della paga dei calciatori?

Pensi che sia caro andare a vedere una partita di calcio? Giustifica la tua risposta.

Cosa faresti tu per combattere la violenza negli stadi?

19.3 Aiutiamo gli altri!

3 Leggi! Testimonianze di volontari.

Mi colpisce sempre la gioia evidente che mi accoglie tutte le volte che vado ad aiutare i miei nonnetti che vivono da soli in casa. Basta poco: piccole commissioni, un po' di compagnia. In altri casi invece i problemi sono molto più complicati. Ho imparato tanto.

Silvana

Anch'io per un po' di tempo ho fatto del volontariato come singolo, ma è molto meglio collegarsi con qualche associazione: puoi scambiare esperienze, conoscere altri, seguire corsi di formazione.

Giuseppe

Il volontariato di servizio alle persone è fatto di ascolto: bisogna imparare ad ascoltare l'altro per capire, soprattutto per capire che possibilità ha per uscire dalla sua situazione di difficoltà, che cosa può fare lui stesso.

Adriana

Il volontariato socio-assistenziale, che si occupa delle persone in difficoltà, è molto importante: si può migliorare la qualità della vita anche occupandosi delle faccende domestiche, del giardinaggio, dei giochi dei ragazzi, dei loro compiti, di un animale ferito, dell'ambiente ...

Leonardo

Rispondi alle seguenti domande. Chi ...

1 pensa che sia meglio lavorare con altri volontari?
2 menziona varie cose che si possono fare per aiutare le persone bisognose?
3 aiuta vecchietti?
4 pensa che sia importante ascoltare la persona che ha bisogno di aiuto?
5 dice di avere fatto un corso di formazione?
6 aiuta facendo delle spese?

Scrivi **Silvana, Giuseppe, Adriana, Leonardo** o **nessuno**.

1 _____ 2 _____
3 _____ 4 _____
5 _____ 6 _____

4 Ascolta! Testimonianze di volontari.

Ascolta e segna con ✓ i problemi menzionati.

1 L'abbandono dei bambini ☐
2 La tossicodipendenza ☐
3 L'abbandono degli animali ☐
4 La malattia mentale ☐
5 L'alcolismo ☐
6 La solitudine ☐
7 I senzatetto ☐
8 La vecchiaia ☐

5 Ascolta! Gli emarginati.

Rispondi alle domande.

1 Quali sono due dei settori menzionati?
   _____
2 Che cos'hanno le persone che appartengono a questi settori?
   _____
3 Quali sono tre delle categorie menzionate?
   _____
4 Che cos'hanno queste persone?
   _____

6 Ascolta! La Lega del Cane.

Scegli la risposta giusta.

1 Carla lavora per la Lega del Cane
   A da più di 5 anni.   C da 7 anni.
   B da circa 6 anni.   D da esattamente 6 anni. ☐

2 Quando ha visto l'appello alla televisione
   A stava lavorando.   C era in pensione.
   B tornava dal lavoro.   D cercava lavoro. ☐

3 Quando Carla è andata al rifugio era successo qualcosa di
   A tragico.   C bello.
   B strano.   D incredibile. ☐

20 Come vedi il futuro?

20.1 La seconda riunione

1 Leggi! Una vita all'estero.

Per guadagnare qualcosa, per imparare una lingua o, semplicemente, per fare un'esperienza di vita diversa, molti giovani scelgono di passare qualche mese all'estero, facendo uno stage, lavorando come ragazza/o alla pari oppure come cameriere/a in ristoranti e bar.

STAGE è un'esperienza di lavoro normalmente non pagata. Bisogna contattare aziende dove si ha interesse a fare questa esperienza. È necessario avere una buona conoscenza della lingua straniera.

CAMERIERE/A: Forse questa è la soluzione più scelta perché permette di partire 'all'avventura' e di cercare tutto nel Paese (casa, lavoro, scuola di lingua). Nelle grandi città europee, soprattutto Londra, è abbastanza facile trovare questo tipo di lavoro.

RAGAZZA/O ALLA PARI: Questo lavoro permette di imparare una lingua sia frequentando una scuola sul posto che vivendo nell'atmosfera di una famiglia che ospita la ragazza/il ragazzo in cambio di un aiuto dentro casa con i bambini.

LAVORO STAGIONALE: Nei Paesi europei, d'estate è possibile trovare lavori come la raccolta di frutta e verdura. È un lavoro abbastanza pesante anche se è piuttosto ben pagato.

Rispondi alle domande.
1 Perché molti giovani passano qualche mese all'estero?
2 Che tipo di lavoro si trova facilmente a Londra?
3 Per quale esperienza di lavoro è necessario conoscere già la lingua?
4 Quali lavori ti permettono di frequentare una scuola per imparare la lingua?
5 Quale lavoro paga bene?
6 Per quale esperienza di lavoro è probabile che non sarai pagato?

2 Ascolta! Vuoi vivere all'estero?

Completa la tabella come nell'esempio.

1 Paesi menzionati	Irlanda e Inghilterra
2 Periodo dell'anno	
3 Durata del soggiorno	
4 Due motivi per andare all'estero	
5 Lavoro menzionato	
6 Esperienza precedente	
7 Quello che offre la famiglia ospite	
8 Mansioni da compiere in casa	

20.1 La seconda riunione

3 Leggi! Furto d'identità.

C'era un ragazzo di 17 anni, che, attraverso e-mail spazzatura e un finto sito web, si era appropriato di dati personali e numeri di carte di credito delle sue vittime. Queste ricevevano e-mail che avvisavano i recipienti del pericolo di perdere l'accesso ad Internet. Venivano invitati a fornire dati personali, password, codice fiscale, perfino dettagli della carta di credito. Il ragazzo, una volta scoperto, ha promesso di restituire i soldi rubati e di non diffondere mai più e-mail spazzatura.

Indica se queste affermazioni sono V (vere), F (false) o ? (se non sono indicate).

1 Il ragazzo si è appropriato di dati personali delle vittime. ☐

2 Il ragazzo riceveva e-mail che lo avvisavano del pericolo di perdere l'accesso ad Internet. ☐

3 Il ragazzo ha fornito i dettagli della sua carta di credito. ☐

4 Il ragazzo mandava e-mail soltanto a ragazze. ☐

4 Leggi! Navigare in Internet.

Queste affermazioni sono positive, negative o positive e negative? Motiva le tue risposte.

Esempio: Per navigare in Internet è quasi indispensabile conoscere l'inglese e ci sono ottime risorse di apprendimento online. Insegnanti madrelingue possono essere contattati online dagli iscritti. Si scaricano le lezioni, gli esercizi e il materiale dalla rete.

▶ Positiva, perché si può imparare l'inglese online.

1 Furto di identità o della proprietà intellettuale online, carte di credito rubate, proliferazione di virus, pedofilia ... ma la rete Internet è veramente un luogo pericoloso! Ogni utente di Internet riceve almeno 700 messaggi spam (messaggi spazzatura) all'anno.

2 Superare bene l'Esame di Stato aiutandosi con appunti scaricati da Internet? In rete dilagano i siti web che invitano i ragazzi a scaricare gratuitamente tesine, appunti, temi svolti.

3 Possiamo dormire sonni tranquilli oppure chiunque di noi potrebbe avere un 'cavallo di Troia' o un nuovo virus dentro casa?

4 Telefoni, computer e sistemi di videoconferenza allegati al computer significano che si può svolgere l'attività professionale senza perdere ore nel traffico per arrivare in ufficio. Il telelavoro sta diventando un fenomeno popolare in Italia!

20.2 I nostri sogni

20 Come vedi il futuro?

1 Leggi! Che sarà, che verrà, che avverrà?

Amici Chat

1 Come sarà la scuola nel 2050? La scuola funzionerà in modo completamente diverso e non ci saranno più né sedie né banchi. Infatti, la scuola non sarà più un luogo fisico. Gli studenti impareranno ad interagire con il mondo circostante; si passerà a spazi virtuali di apprendimento. I progressi tecnologici hanno già cambiato ogni aspetto del nostro modo di vivere: dall'abaco siamo passati alla calcolatrice, ai computer, poi ai tablet. Le attuali tendenze nella tecnologia – la realtà virtuale (VR), la realtà aumentata (AR) e la realtà mista (MR, un mix interattivo di VR e AR) – stanno evolvendo sempre più velocemente e consentono di portare gli studenti negli angoli più remoti del pianeta. In futuro, nuove tecnologie permetteranno agli studenti di comprendere sempre meglio le informazioni che li circonderanno. **Sandro**

2 Secondo me, il Bitcoin sostituirà la moneta prima del 2050. Poi gli scienziati svilupperanno una tecnologia che consentirà il teletrasporto di oggetti, migliorando anche le comunicazioni. Altri scienziati saranno in grado di prolungare la durata della vita umana. Esisteranno strumentazioni mobili che potranno essere spostate e messe a disposizione dei pazienti, ovunque essi si trovino. Gli ospedali utilizzeranno le innovazioni introdotte dalla telemedicina immersiva e dalla chirurgia virtuale. I robot saranno in grado di compiere tutti i movimenti fisici che noi facciamo. Nel 2050 avremo assistenti avanzati simil-umani. E interagire con i robot sarà molto più facile perché non avranno sentimenti, non si arrabbieranno, annoieranno o stancheranno. Grazie alla qualità della realtà virtuale, un numero sempre maggiore delle nostre attività quotidiane verranno svolte nel mondo virtuale. Non solo giocheremo o guarderemo film, ma vi spenderemo sempre più tempo libero tramite viaggi virtuali e incontri con persone usando i nostri avatar. **Lisa**

3 Intorno al 2030 ci sarà una drastica riduzione della calotta artica. I ghiacciai si scioglieranno inesorabilmente provocando gravi danni all'ambiente e al clima. Gli effetti del riscaldamento globale produrranno un miliardo di 'rifugiati climatici' entro il 2050, a causa di eventi interconnessi come fenomeni meteorologici catastrofici, carenza di cibo, siccità e inquinamento. Come sarà il clima italiano nel 2050, visti gli effetti dei cambiamenti climatici, che fanno aumentare gli incendi nei boschi e scatenano reazioni meteorologiche estreme? Sarà caratterizzato da un aumento dei periodi di siccità e da una diminuzione delle piogge.

Comunque, le tecnologie future permetteranno alla gente di creare isole artificiali e altre terre e continenti nello spazio per creare posti dove collocare i cittadini. Intorno al 2050 gli umani colonizzeranno il pianeta Marte, creando delle città sul pianeta rosso. Verrà inaugurato il primo hotel spaziale. **Davide**

a) Rispondi **Sandro, Lisa, Davide**.
Chi parla ...

1 dell'ambiente?
_____

2 di innovazioni mediche?
_____

3 di colonizzare un altro pianeta?
_____

4 della realtà virtuale e dell'apprendimento?
_____

5 di prolungare la vita?
_____

b) Metti i verbi al futuro, come nell'esempio.

Domani mi _comprerò_ (comprare) un computer portatile così _____ (potere) fare i compiti in autobus o in treno e a casa _____ (avere) più tempo per guardare la televisione. I miei insegnanti non _____ (essere) molto contenti ma …!

Che cosa _____ (succedere) al nostro pianeta in futuro? Senz'altro, molte cose _____ (cambiare). Noi tutti _____ (andare) in giro con la macchina ecologica, _____ (fare) sempre più spese online e la tecnologia _____ (continuare) ad avanzare sempre più velocemente. Che cosa _____ (significare) tutti questi cambiamenti? Si _____ (vedere) in futuro!

20.2 I nostri sogni

2 Che bello sognare!

Metti i verbi al congiuntivo (imperfetto) e al condizionale come nell'esempio.

Esempio: Se io _____ (avere) più soldi, _____ (andare) subito in pensione.
▶ Se io **avessi** più soldi, **andrei** subito in pensione.

1 Se noi _____ (riuscire) a passare i nostri esami, _____ (volere) andare all'università.
2 Se mia sorella _____ (trovare) un lavoro all'estero, _____ (partire) subito.
3 Se io _____ (incontrare) la ragazza dei miei sogni, le _____ (comprare) un bel gelato.
4 Se i miei parenti _____ (vendere) la loro casa in città, _____ (andare) a vivere in campagna.
5 Se l'acqua _____ (essere) più calda, tu _____ (fare) il bagno?
6 Se io _____ (fare) sempre i miei compiti, i miei insegnanti _____ (essere) felicissimi!
7 Se voi _____ (bere) un altro bicchiere di vino, _____ (avere) difficoltà a camminare.
8 Se tu _____ (alzarsi) un po' prima, non _____ (perdere) sempre l'autobus.

3 🎧 Ascolta! Magari fosse possibile!

Ascolta i desideri di queste persone e completa la tabella.

Desiderio	Motivo/Motivi
1 vivere per qualche mese in Italia	imparare la lingua
2	
3	
4	
5	

4 Tocca a te!

Magari fosse possibile quali sarebbero i tuoi sogni/desideri? Scrivi 5 frasi come negli esempi.

Esempi: Se fosse possibile, smetterei subito di studiare e troverei un lavoro.
Se avessi abbastanza soldi, mi comprerei dei vestiti di Armani e Versace.

_____
_____
_____
_____
_____

20.3 Amici ... per sempre!

20 Come vedi il futuro?

1 Completa la tabella, come nell'esempio.

Presente	Passato Prossimo	Imperfetto	Futuro
sono	sono stato/a	ero	sarò
ho			
	ho viaggiato		
		facevo	
scrivo			
			berrò
		mangiavo	
vedo			
rimango			
	sono andato/a		
			partirò

2 Passato, futuro o presente?

Scegli il tempo giusto.

1. La settimana scorsa Daniela **farà/ha fatto** l'Esame di Stato.
2. La settimana prossima Gianpaolo è **andato/andrà** ai Caraibi.
3. Adesso Marco e Daniela **partono/partivano** per l'Australia.
4. Fra due giorni Elena e Gianni **visiteranno/visitavano** Bardolino.
5. Ora gli amici **hanno fatto/fanno** un brindisi.
6. L'anno prossimo **si rivedranno/si sono rivisti** alla riunione.

3 Scrivi delle frasi per descrivere ...

- quello che hai fatto in passato
- quello che fai adesso
- quello che farai in futuro

_____
_____
_____

4 In futuro.

a) Gli amici parlano del loro futuro. Metti i verbi al futuro come nell'esempio.

Esempio: Noi ..... (ritrovarci) alla prossima riunione.
▶ Noi **ci ritroveremo** alla prossima riunione.

Noi non _____ (dimenticare) mai di restare in contatto con tutti gli amici. _____ (cercare) di organizzare una riunione ogni anno. _____ (telefonarsi) ogni tanto per scambiare notizie. _____ (aiutarsi) sempre quando avremo problemi. _____ (viaggiare) spesso all'estero.

b) Metti i verbi al futuro, come nell'esempio.

Esempio: Daniela e Marco _____ (sposarsi) un giorno. ▶ Daniela e Marco **si sposeranno** un giorno.

1. Elena e Gianni _____ (rimanere) in Italia.
2. Gianpaolo _____ (andare) in vacanza ai Caraibi.
3. Elena _____ (diventare) veterinaria in futuro.
4. Alessandra _____ (affittare) la sua casa in Inghilterra.
5. Daniela _____ (cominciare) a lavorare come giornalista.
6. Tutti _____ (essere) amici per sempre.

109

Il mio glossario

Italiano　　　　　　　　　　　　　English

Il mio glossario

Italiano

English

Il mio glossario

Italiano

English